MATHEMATIK 7
NEUE WEGE

ARBEITSBUCH FÜR GYMNASIEN

LÖSUNGEN
RHEINLAND-PFALZ

Herausgegeben von

Henning Körner

Arno Lergenmüller

Günter Schmidt

Martin Zacharias

Schroedel
westermann

MATHEMATIK NEUE WEGE 7
Arbeitsbuch für Gymnasien

Lösungen
Rheinland-Pfalz

Herausgegeben und bearbeitet von:

Armin Baeger, Miriam Dolić, Frank Förster, Aloisius Görg, Prof. Dr. Johanna Heitzer, Charlotte Jahn, Henning Körner, Arno Lergenmüller, Kerstin Peuser, Michael Rüsing, Jan Schaper, Olga Scheid, Prof. Günter Schmidt, Thomas Vogt, Laura Witowski, Martin Zacharias

Für Rheinland-Pfalz bearbeitet von:
Arno Lergenmüller und Thomas Vogt

westermann GRUPPE

© 2016 Bildungshaus Schulbuchverlage
Westermann Schroedel Diesterweg
Schöningh Winklers GmbH, Braunschweig
www.schroedel.de

Druck A² / Jahr 2017
Alle Drucke der Serie A sind im Unterricht parallel verwendbar.

Redaktion: Kira von Bülow
Grafiken: imprint, Ilona Külen, Zusmarshausen; Hans-Joachim Piplak-Römer, Goslar-Hahndorf
Illustrationen: Margit Pawle, München
Umschlaggestaltung: Janssen Kahlert Design & Kommunikation GmbH, Hannover
Umschlagbild: Corbis, Düsseldorf (Danilo Callung)

Druck und Bindung: westermann druck GmbH, Braunschweig

ISBN 978-3-507-**85783**-4

Inhalt

Kapitel 1
Beschreiben von Zuordnungen in Graphen, Tabellen und Termen

Kapitel 2
Prozent- und Zinsrechnung

Kapitel 3
Abbildungen und Symmetrie

Kapitel 4
Rationale Zahlen

Kapitel 5
Gleichungen und Terme

Kapitel 6
Winkel und besondere Linien bei ebenen Figuren

Kapitel 7
Wahrscheinlichkeitsrechnung

Vorbemerkungen

Dieses Lösungsheft richtet sich in erster Linie an die Lehrenden.

Die Lösungsskizzen gestatten einmal einen schnellen Überblick über Anspruch und Intention der vielfältigen Aufgaben, zum anderen weisen sie vor allem bei den komplexeren und offenen Aufgaben auf verschiedene Lösungswege hin, wie sie von den Lernenden individuell beschritten werden können. Zusätzlich erläutern die kurzen didaktischen Hinweise vor den Lösungen zu jedem Kapitel noch einmal die konzeptionellen Anliegen der einzelnen Kapitel.

Die Lösungen und Lösungshinweise sind andererseits aber von der Sprache und dem Umfang so gehalten, dass sie je nach der gewählten Unterrichtsform und Entscheidung der Unterrichtenden meist auch den Lernenden zur Verfügung gestellt werden können. Dies entspricht unserer Auffassung von eigentätigem und selbstständigem Lernen und dem Erwerb von Lernstrategien, die diesem Buch zugrunde liegt.

Viele Aufgaben in diesem Buch sind auf selbsttätige Aktivitäten ausgerichtet und fördern erfahrendes schüleraktives Lernen durch handelndes Entdecken von Sachzusammenhängen in Experimenten und offenen Aufgabenstellungen. Häufig werden verschiedene Lösungswege explizit herausgefordert. Insofern stellen viele der dargestellten Lösungen nur eine von vielen Möglichkeiten dar. Bei Aktivitäten, die auf Erfahrungsgewinn durch Handeln zielen, haben wir teilweise auf die Darstellung von Lösungen verzichtet und vielmehr die bei der Bearbeitung durch die Schülerinnen und Schüler aktivierten Kompetenzen und Denkprozesse für binnendifferenzierende Ansätze im Unterricht erörtert.

Zu diesem Buch

Dieses Buch verfolgt hinsichtlich Konzeption und Gestaltung den für Mathematik NEUE WEGE typischen, alternativen Ansatz eines Schulbuchs für den Mathematikunterricht am Gymnasium. Es greift schüleraktiven, problemorientierten Unterricht als Alternative zu einem traditionellen Unterrichtsgang auf und berücksichtigt in mehrfacher Hinsicht die konstruktiven Ansätze, die im Zusammenhang mit der Diskussion um die Allgemeinbildung im Mathematikunterricht und über die Ergebnisse und Folgerungen aus der PISA- und TIMS-Studie in den letzten Jahren entwickelt wurden:

1. Das Buch unterstützt eine Unterrichtskultur, in der die absolute Dominanz des Grundschemas:
   kurze Einführung → algorithmischer Kern (Kasten) → Üben
   überwunden wird zugunsten einer **Methodenvielfalt mit offenen und schüleraktiven Lernformen.**

Dies zeigt sich zunächst in der Gliederung jedes Lernabschnittes in drei Ebenen grün – weiß – grün. In der **1. grünen Ebene** werden **verschiedene treffende Zugänge zum Thema** des Lernabschnitts angeboten. Dies geschieht in Form von interessanten, aktivitäts- und denkanregenden Aufgaben, die die unterschiedlichen Interessen und Lerntypen ansprechen. Die alternativ angebotenen Aufgaben zielen auf die aktive Auseinandersetzung mit den Kerninhalten des Lernabschnitts. Sie sind schülerbezogen, situationsgebunden und handlungsauffordernd gestaltet und knüpfen an die Vorerfahrungen der Lernenden an. Sie sind weitgehend offen formuliert und regen zu unterschiedlichen Lösungsansätzen an.

Die weiße Ebene beginnt mit einer kurzen Hinleitung zum zentralen Basiswissen, das im hervorgehobenen **Kasten** festgehalten wird. Anschließend wird dieser Inhalt auf vielfältige Weise auf-

und durchgearbeitet und gefestigt (→ „intelligentes Üben"). Die **Aufgaben** hierzu sind kurz und abwechslungsreich, sie beinhalten neben dem operatorischen Durcharbeiten auch Anwendungen und Vernetzungen, selbstverständlich auch Übungen zum Ausformen von Routinen. In eigens gekennzeichneten Icons werden Möglichkeiten zur Selbstkontrolle und Tipps zum eigenständigen Lösen angeboten.

Die 2. grüne Ebene ist der **Erweiterung und Vertiefung** gewidmet. In dieser Ebene befinden sich die fakultativen Inhalte eines Lernabschnitts. Ein wesentlicher Gesichtspunkt ist dabei die Einbindung der Aufgaben in Kontexte und Anwendungen. Ein zweiter Aspekt zielt auf offenere Unterrichtsformen (Experimente, Gruppenarbeit, Projekte), ein dritter auf passende Anregungen zum Problemlösen (Knobeleien). Die Aufgaben sind auch äußerlich unter solchen Aspekten zusammengefasst. Zusätzlich finden sich hier auch lebendig und anschaulich gestaltet Lesetexte und Informationen.

2. Den Aufgaben liegt in allen Ebenen eine Auffassung des **„intelligenten Übens"** zugrunde.

Dies richtet sich in erster Linie wider eine einseitige Ausrichtung an schematischem, schablonenhaftem Einüben von Kalkülen und nacktem Begriffswissen zugunsten eines vielfältigen Übens des Verstehens, des Könnens und des Anwendens. Intelligentes Üben bedeutet nicht, dass die Aufgaben überwiegend auf anspruchsvollere Fähigkeiten und komplexere Zusammenhänge zielen. Es sind auch hinreichend viele Aufgaben vorhanden, die einfaches Können stützen und dies auch für den Lernenden erfahrbar machen. Weitere Konstruktionsaspekte beim Aufbau der Aufgaben zum intelligenten Üben:

- Die Übungen sind nicht als vom Lernvorgang isolierte „Drillphasen" abgesetzt, vielmehr sind sie Bestandteil des Lernprozesses.
- Die Übungen sind im Umkreis von einfachen Problemen angesiedelt und durch übergeordnete Aspekte zusammengehalten. Die Probleme erwachsen aus der Interessen- und Erfahrungswelt der Schüler.
- Die Übungen ermöglichen auch häufig kleine Entdeckungen oder vergrößern das über die Mathematik hinausweisende Sachwissen. Auf diese Weise kann Üben dann mit Spaß und Freude bei der Anstrengung verbunden sein.
- Die Übungen sind häufig produktorientiert. In der Geometrie geschieht dies durch das Herstellen von Körpern oder das Zeichnen ansprechender Muster oder Figuren. In anderen Bereichen können selbst (Sach-) Aufgaben oder eigene Zahlenrätsel, Diagramme und Berichte o. ä. erstellt werden.

3. Stärkere Berücksichtigung von Aufgaben
    - für offene und kooperative Unterrichtsformen
    - mit fächerverbindenden und fächerübergreifenden Aspekten
    - zur gleichmäßigen Förderung von Jungen und Mädchen
    - mit der Möglichkeit zum Vergleich unterschiedlicher Lösungswege
    - für den konstruktiven Umgang mit Fehlern
    - für das Bewusstmachen und den Erwerb von Strategien für das eigene Lernen

4. Die Fähigkeiten zum Problemlösen werden kontinuierlich herausgefordert und trainiert.

Dies geschieht unter zwei Leitaspekten: Einmal wird in vielfältigen Anwendungssituationen der Prozess des Modellierens verdeutlicht und immer wieder mit allen Stufen eingeübt. Zum anderen werden die Strategien des Begründens und Beweisens und des kreativen Konstruierens behutsam an innermathematischen Problemstellungen entwickelt und bewusst gemacht. Für beide Aspekte werden hilfreiche Methodenkenntnisse und Strategien im übersichtlich gestalteten „Basiswissen" festgehalten.

5. Die Sprache des Buches ist einfach, griffig sowie alters- und schülerangemessen.

Das Buch unterstützt vom Kontext der Aufgaben und von der Sprache her die Entwicklung und den Ausbau von Begriffen als Prozess. Dazu dient auch die konsequente Visualisierung mit Fotos, Skizzen und Diagrammen, sowohl zur Motivation, zum Strukturieren, zum Darstellen eines Sachverhaltes als auch zum leichteren Merken von Zusammenhängen!

6. Das Buch unterstützt kumulatives Lernen, d.h. die Lernenden erfahren deutlich Zuwachs an Kompetenz.

Dies wird durch verschiedene Gestaltungselemente erreicht:
- Zunächst werden Wiederholungsaufgaben in Neuerwerbsaufgaben eingebettet.
- Zusätzlich erscheinen Wiederholungen im sogenannten **„Check-up"**. Hier gibt es übersichtliche Zusammenfassungen und zusätzliche Trainingsaufgaben, zu denen die Lösungen am Ende des Buches zu finden sind.
- Am Ende eines Kapitels befinden sich übergreifende Übungen im Abschnitt **„Sichern und Vernetzen – Vermischte Aufgaben"**, deren Lösungen im Internet unter *www.schroedel.de/NW-85777* zu finden sind. Hier werden gezielt Übungen den Aufgabenbereichen *Trainieren, Verstehen* und *Anwenden* zugeordnet, um die Fachinhalte eines Kapitels vertiefend zu behandeln und das Verstehen der jeweils dahinterliegenden mathematischen Fertigkeiten zu fördern.
- Dem Aufgreifen und Sichern von früherem Wissen und Fähigkeiten sowie zur vernetzten und binnendifferenzierenden Gestaltung von Unterricht dient ein weiteres Element, die sogenannten **„Kopfübungen"**, die häufig am Ende der weißen Ebene auftauchen. Die Kopfübungen beinhalten kleine Aufgaben zu Basiswissen und Basisfertigkeiten. Diese greifen auf vorher behandelte Begriffe, Fähigkeiten und Fertigkeiten zurück.

7. Das Buch wird eingebettet in eine integrierte Lernumgebung.

Diese Elemente sind:
- Aufforderungen und Anregungen zur **Nutzung von „elektronischen Werkzeugen"** Graphischer Taschenrechner (GTR), Tabellenkalkulation (TK) und Dynamischer Geometriesoftware (DGS) und des Internets in vielen Aufgaben und Projekten des Buches.
- Ausführliche Kommentare und Anregungen zur Vermittlung wesentlicher Kompetenzen und Basisfähigkeiten in **didaktischen Kommentaren** zu den einzelnen Kapiteln des Buches im Lösungsheft und in digitale Begleitmaterialien.
- Zusätzliche **Übungsmaterialien** in Kopiervorlagen (Doppelbände für die Jahrgangsstufen 5/6, 7/8 und 9/10). Diese unterstützen und erweitern insbesondere die im Lehrwerk bereits konsequent berücksichtigten Anliegen des Aufbaus grundlegender mathematischer Basisfähigkeiten und des kontinuierlichen Sicherns des dazu gehörigen Basiswissens. Sie bieten damit eine weitere effektive Hilfe für die Realisierung des kumulativen Lernens.

Auf das Buch abgestimmte
- **e-learning-Materialien**, mit denen einmal das selbstregulierte individuelle Lernen (Adaption an das Lernerprofil) gestützt wird und zum anderen interaktive Zugänge zu Themenfeldern zum explorativen Lernen angeboten werden.

Bemerkungen zu den Inhalten von Band 7

Die Inhalte decken den Kernlehrplan Mathematik für das Gymnasium, Sekundarstufe I, voll ab.

Die Inhalte sind um zentrale Ideen / Leitbegriffe orientiert. Für Band 7 liegen die diesbezüglichen Schwerpunkte in der
- Idee der Zahl (Zahlbereichserweiterung zu den rationalen Zahlen, insbesondere im Rechnen mit negativen Zahlen)
- Idee des räumlichen Strukturierens (Raumvorstellung, Symmetrie und Kongruenzabbildungen, Erkennen und Anwenden von geometrischen Mustern und Zusammenhängen, Abstände und Ortslinien).

In vielen Kontexten und Sachaufgaben wird auch die
- Idee des Modellierens weiter ausgebaut, dies insbesondere im Zusammenhang mit der
- Idee des funktionalen Denkens.

Der Altersstufe angemessen werden nun auch die Idee der Variablen ebenso behutsam weiterentwickelt wie die Fähigkeiten zum rationalen Argumentieren (Begründen und Beweisen).

Im ersten Kapitel wird viel Wert auf das Zusammenspiel von Graphen, Tabellen und Termen zum Beschreiben von Zuordnungen gelegt. Dies wird konsequent aus vertrauten Alltags- und Problemsituationen entwickelt und zum Lösen („Modellieren") von geeigneten Sachproblemen verwendet. An den passenden Stellen wird auch bereits die Nutzung neuer Medien wie grafischer Taschenrechner und Tabellenkalkulation nahegelegt bzw. vorbereitet. Die speziellen Anwendungen der Schlussrechnung (Proportionalität und Antiproportionalität) sind in das funktionale Denken eingeordnet.

Der erste Lernabschnitt des Kapitels 2 *„Prozent- und Zinsrechnung"* stellt eine zusammenfassende Wiederholung des Kapitels zur Prozentrechnung aus Band 6 dar. So lässt sich auch bei nicht mehr verfügbarem Vorjahresband die Einführung in dieses für die Anwendung von Mathematik so wichtige Thema in zwei Anläufen behandeln. Hier und auch in der Weiterführung zur Zinsrechnung erfolgt eine starke Anbindung an die Anwendungen im Alltag, unter anderem auch mit einer Betonung des Schätzens und Überschlagens als kritische Ergänzung zur adäquaten Nutzung des Taschenrechners.

Im ersten geometrischen Kapitel *„Abbildungen und Symmetrie"* geht es um den Zugang zur Kongruenzgeometrie über die entsprechenden Abbildungen. Nach der propädeutischen Einführung in Band 6 erfolgt hier eine Weiterführung und erste Systematisierung der erworbenen Kenntnisse in Verbindung mit eigenem Experimentieren und „Erforschen" neuer Zusammenhänge. Wichtige Eigenschaften und Fixelemente der Kongruenzabbildungen werden herausgestellt und bei Begründungen und Anwendungen genutzt. Schließlich werden die Beziehungen zwischen den verschiedenen Kongruenzabbildungen und deren Verkettung thematisiert. Drehung und Verschiebung werden auf die Verkettung von zwei Achsenspiegelungen zurückgeführt. Mit der Untersuchung der Symmetrie von Vielecken (insbesondere Vierecke) finden die Abbildungen eine weitere Anwendung, gleichzeitig werden wichtige Grundlagen für spätere Geometriekapitel bereitgestellt.
Verstärkt wird in diesem Kapitel das moderne Hilfsmittel „Dynamische Geometriesysteme" (DGS) einbezogen.

Bei der Behandlung der *rationalen Zahlen* in Kapitel 4 werden wie bei der Bruchrechnung in Band 6 die neueren lernpsychologischen und empirischen Befunde konsequent berücksichtigt. Dies bedeutet vor allem einen anschaulichen Aufbau von Grundvorstellungen an Stelle eines zu schnellen Zugangs zum Kalkül. So werden auch die negativen Zahlen zunächst in vertrauten Situationen im Alltag (Zustände und Veränderungen) angesprochen und in ihren verschiedenen Bedeutungen bewusst.

Das Rechnen mit rationalen Zahlen erfolgt einerseits in engem Bezug zu Sachsituationen, u. a. auch in fächerübergreifenden Kontexten, zum anderen werden die Strukturen und Gesetzmäßigkeiten durch geeignete Bilder und Handlungen verdeutlicht. Auch beim Rechnen mit rationalen Zahlen wird wiederum der Wert des Überschlagsrechnens, des Schätzens und Rundens betont.

Auch bei der Einführung in die Algebra in Kapitel 5 *„Gleichungen und Terme"* werden die neueren didaktischen Erkenntnisse umgesetzt. Dies bedeutet eine stärkere Betonung des Bedeutungsaspektes von Termen (Aufstellen und Interpretieren) und eine Einbettung des (syntaktischen) Manipulierens in sinnhafte und anschauliche Zusammenhänge. Dies zeigt sich bereits äußerlich in der Reihenfolg der Lernabschnitte – das Aufstellen und Lösen von Gleichungen wird dem Rechnen mit Termen vorangestellt, anschließend werden die erworbenen Fähigkeiten auf die Behandlung einfacher Ungleichungen übertragen.

Im zweiten geometrischen Kapitel *„Winkel und besondere Linien bei ebenen Figuren"* werden einerseits der Anwendungs- und Problemlöseaspekt wie in den Bänden 5 und 6 betont, zum anderen werden dabei an interessanten Konstruktionsaufgaben das Beweisbedürfnis geweckt und passende Argumentations- und Beweisfähigkeiten entwickelt. In einem eigenen Lernabschnitt „Geometrische Denkaufgaben" wird in altersstufengemäßer Form auch die Problemlösestrategie bei solchen Aufgaben thematisiert und vielfältig trainiert.

In Kapitel **7** *„Wahrscheinlichkeitsrechnung"* sind die Abschnitte stark handlungsorientiert konzipiert. Durch eigene Experimente entwickeln Schülerinnen und Schüler ihre Erfahrungen und intuitiven Vorstellungen von Zufall und Wahrscheinlichkeit weiter. Dabei werden ihnen passende Grundmodelle und erste Strategien an die Hand gegeben, ebenso werden erste Begriffe zur adäquaten Beschreibung von Zufallserscheinungen in altersstufengemäßer Form entwickelt.

Kapitel 1
Beschreiben von Zuordnungen in Graphen, Tabellen und Termen

Didaktische Hinweise

Entsprechend der Grundkonzeption des Unterrichtswerkes werden in diesem Kapitel Zuordnungen in vielfältigen Sachzusammenhängen betrachtet und zum Problemlösen verwendet. Texte, Graphen, Tabellen und Rechenvorschriften machen deutlich, dass Zuordnungen auf verschiedene Weisen dargestellt werden können. Einen Schwerpunkt dieses Kapitels stellen wegen der Anwendungsrelevanz die Proportionalität und die Antiproportionalität dar. Beide werden als Spezialfälle von Zuordnungen erlebt, entwickeln aber wegen der ihnen eigenen Rechenverfahren (z. B. Dreisatz) ein „Eigenleben". Lernabschnitt **1.5** führt als Strategiekapitel die Konzeption der vorausgegangenen Bände des Lehrwerkes hinsichtlich der Förderung von Problemlösekompetenzen fort. Im Zusammenhang mit Zuordnungen werden auch der graphische Taschenrechner und die Tabellenkalkulation angesprochen. Allerdings sollte nach wie vor das händische Tun der Schwerpunkt des Umgangs mit Zuordnungen sein.

In Abschnitt **1.1** *Graphen lesen und darstellen* steht der Umgang mit Graphen im Vordergrund. Das Lesen und Erstellen von Graphen wird geübt. Dazu wird das erforderliche Vokabular bereitgestellt. In vielen Aufgaben wird auch qualitativ gearbeitet.

Als neuer Aspekt kommt in Abschnitt **1.2** *Graphen, Tabellen, Formeln* die Beschreibung von Zuordnungen durch einfache Terme hinzu. Es kommen lineare und einfache quadratische Terme sowie Bruchterme vor, ohne dass an dieser Stelle bereits eine Systematisierung erfolgt. Die Aufgaben verlangen stets den Wechsel zwischen den unterschiedlichen Darstellungen. Dabei treten sowohl Sachzusammenhänge als auch innermathematisch formuliertes Übungsmaterial auf. Die bereits in Band 5 und 6 angesprochene Tabellenkalkulation wird als nützliches Hilfsmittel in der zweiten grünen Ebene wieder aufgegriffen. Dadurch wird auch ein Beitrag zur informationstechnischen Grundbildung geleistet.

In den Abschnitten **1.3** und **1.4** werden proportionale und antiproportionale Zuordnungen behandelt. Neben Tabelle, Graph und Funktionsterm, die den Zuordnungsaspekt betonen, spielt der „Dreisatz" als Lösungsschema eine besondere Rolle. In zahlreichen Problemsituationen geht es um das Modellieren mithilfe der proportionalen und antiproportionalen Zuordnung. Daher muss bei jeder Anwendung hinterfragt werden, ob das entsprechende Modell zutrifft oder nicht. Nicht vergessen werden darf die *Problemprobe,* d. h. die Überprüfung, ob das Ergebnis hinsichtlich der Problemstellung sinnvoll ist.

Der Lernabschnitt **1.5** *Zuordnungen mit Termen – Problemlösen* ist ein Strategieabschnitt, in dem das Problemlösen thematisiert wird. Hier liegt der Schwerpunkt auf der Beschreibung von Zuordnungen mit Termen. Diese werden in den unterschiedlichsten Situationen aufgestellt, d. h. Situationen werden mithilfe der Sprache der Algebra beschrieben. Die Beschränkung auf eine Variable wird gelegentlich aufgehoben. Terme aufstellen und mit Termen umgehen zu können, ist im Rahmen der Mathematik von großer Bedeutung. Für Schülerinnen und Schüler ist dies eine anspruchsvolle Tätigkeit. Die Kompetenz, Terme aufzustellen, zu interpretieren und mit diesen handelnd umgehen zu können, muss daher sorgfältig entwickelt werden.

Auch das Modellieren von Alltagssituationen wird in diesem Abschnitt besonders behandelt. Dabei gehen die Aufgaben über die proportionalen und antiproportionalen Zuordnungen hinaus. Zur vollständigen Lösung gehört stets auch die Überprüfung der Ergebnisse an der Wirklichkeit. So gewinnt auch implizit der Definitionsbereich von Zuordnungen an Bedeutung, wenn man sich im Rahmen der Problemprobe fragt, für welchen Bereich die jeweilige Zuordnung ihre Gültigkeit besitzt.

Lösungen

1.1 Graphen lesen und darstellen

10   **1** *Erdkröte und Hausmaus im Vergleich*
a) In beiden Graphen wird der gleiche Zusammenhang dargestellt:
Umgebungstemperatur → Anzahl der Herztöne pro Minute.
Im linken Diagramm steigt die Anzahl der Herzschläge pro Minute mit der Umgebungstemperatur an, je höher die Umgebungstemperatur desto mehr Herzschläge pro Minute.
Im rechten Diagramm kann man ablesen, dass die Herzschläge bis zu einer Temperatur
von 25 °C bis 30 °C abnehmen und ab 30 °C wieder zunehmen. Bei 25 °C bis 30 °C wird
die niedrigste Anzahl an Herzschlägen pro Minute erreicht.
b) linker Graph: Erdkröte   rechter Graph: Hausmaus
c) Gemeinsamkeit: gleicher Zusammenhang wird dargestellt
Unterschiede: Beim linken Bild steigt der Graph nur an, beim rechten fällt der Graph erst
bis zu einem Minimum und steigt dann wieder.
d) Schüleraktivität.

2 *Laufgraph-Wettbewerb*
Beim Lösen dieser Aufgabe lernen die Schülerinnen und Schüler spielerisch verschiedene
Graphen zu interpretieren. Einen wichtigen Aspekt des Lernens stellt dabei auch die durch
das Bewegungsspiel gesammelte Erfahrung dar. Auf diese sollte nicht verzichtet werden,
da sie zusätzlich motivierend wirkt und als einfach auszuführende Anwendungssituation
anschaulich eingesetzt werden kann.

11   **3** *Situation bekannt – passender Graph gesucht*
a) III   b) I   c) II

4 *Hochwasser*
a)

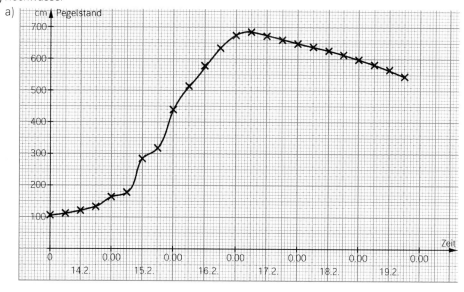

11 **4** b) Im Laufe des frühen Vormittags des 15. 2. begann das Wasser über den Normalpegel von 200 cm zu steigen. Da der Anstieg zunächst gering war, machte sich die Bevölkerung nur wenig Sorgen, aber dann stieg das Wasser immer schneller. Ein rasanter Anstieg des Pegels war in der Nacht vom 15. 2. auf den 16. 2. zu verzeichnen. Danach wurde der Anstieg allmählich geringer. Der Pegelhöchststand wurde aber erst in der nächsten Nacht erreicht. Während der folgenden zwei Tage ging das Hochwasser nur sehr lang-sam zurück.

c) Da der Anstieg geringer geworden war, ist die Nachricht berechtigt, obwohl der Pegel-höchststand noch nicht erreicht war.

13 **5** *Stromverbrauch – passender Graph gesucht*

a) (3) ist der richtige Graph, denn es gibt am Mittag (gegen 12.00 Uhr) und am Abend (ge-gen 18.00 Uhr) einen besonders großen Stromverbrauch.

b) In vielen Fabriken wird in Schichten gearbeitet, es ist daher anzunehmen, dass ein relativ konstanter Verbrauch vorliegt, der am besten durch eine parallel zur x-Achse verlaufende Gerade beschrieben werden kann.

6 *Mit dem Auto unterwegs*

Während der 1. Minute beschleunigte das Auto von 0 auf $50 \frac{km}{h}$. Dann fuhr es eine Minute lang mit konstanter Geschwindigkeit von $50 \frac{km}{h}$, bis es plötzlich bremsen musste bis zum Stillstand. Nach einer Wartezeit von einer halben Minute wurde wieder beschleunigt. Dieses Mal erfolgte die Beschleunigung auf $50 \frac{km}{h}$ innerhalb von einer halben Minute. Eine Minute lang fuhr das Auto mit konstanter Geschwindigkeit, musste dann aber langsam abbremsen, brauchte allerdings nicht anzuhalten. Nachdem eine Geschwindigkeit von $10 \frac{km}{h}$ erreicht worden war, konnte wieder beschleunigt werden. Für etwa eine halbe Minute fuhr der Wagen dann mit konstanter Geschwindigkeit von $25 \frac{km}{h}$. Danach bremste er. Die Fahrt war 6 Minuten nach dem Start beendet.

7 *Graphen liefern Antworten*

a) $x = 3 \quad \rightarrow y = 10$ größter y-Wert für $x = 4,5$
kleinster y-Wert für $x = 0$

b) $y = 10 \quad \rightarrow x = 0,6$ oder $x = 4,3$ größter y-Wert für $x = 2,2$
$\quad x = 3 \quad \rightarrow y = 25$ kleinster y-Wert für $x = 0$ oder $x = 4,6$

c) $x = 3 \quad \rightarrow y = 5$ oder $y = 32$ größter y-Wert für $x = 2,5$
$\quad y = 10 \quad \rightarrow x = 1,2$ oder $x = 4$ kleinster y-Wert bei $x = 2,5$

14 **8** *Schneehöhen*

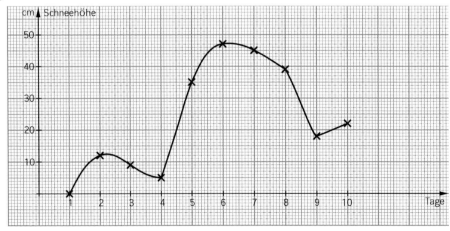

14

9 *Wasserstände*

a)

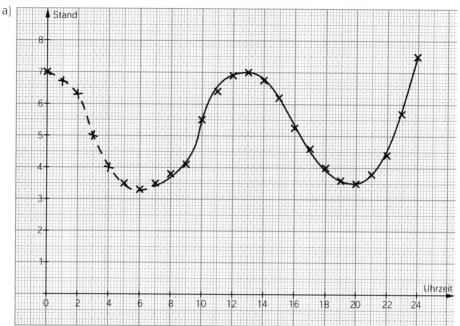

b) Wenn der Graph in der gleichen Form nach links weitergeführt wird (gestrichelte Linie), kann man ablesen:

Uhrzeit	0	1	2	3	4	5	6
Stand	7,00	6,70	6,30	5,00	4,00	3,50	3,30

10 *Graphen nach Anleitung zeichnen*
Schüleraktivität.

15

11 *Graphen beschreiben*
a) Der Graph fällt zunächst stark, dann immer schwächer bis er einen Tiefpunkt erreicht. Danach beginnt er wieder immer stärker zu steigen. Dann wird der Anstieg schnell geringer, bis die Werte schließlich konstant bleiben.
b) Die Werte sind zunächst konstant. Dann steigen sie immer stärker an, schließlich wird der Anstieg wieder geringer, bis die Werte am Ende konstant bleiben.
c) Die Werte steigen an bis zu einen Hochpunkt. Danach fallen sie bis zu einem Tiefpunkt und steigen schließlich wieder an.

12 *Nächster Halt Schillerplatz*
Schüleraktivität.
Die Geschwindigkeit der S-Bahn steigt nach der Abfahrt erst schwächer dann stark (mit konstanter Steigung) an, bis eine Maximalgeschwindigkeit von $80\frac{km}{h}$ erreicht wird. Diese wird konstant gehalten, bis der Bremsvorgang eingeleitet wird. Hierbei fällt die Geschwindigkeit stark (mit konstanter Steigung), bis eine Geschwindigkeit von $0\frac{km}{h}$ erreicht wird.

15

13 *London Eye*

a) Der Graph gibt die Höhe einer Gondel des London Eye im Verlauf einer Fahrt wieder. Da die Gondeln in einer Höhe von 10 m über dem Boden schweben, startet die Fahrt nicht im Punkt (0|0). Der Graph steigt zunächst vom Tiefpunkt des Riesenrads zu einem Hochpunkt stark an (halbe Drehung) und fällt nach dem Passieren des höchsten Punktes beim London Eye in einer Höhe von 145 m wieder steil ab, bis nach 25 Minuten wieder die Ursprungshöhe der Drehung erreicht wird. Die Zeit, die für eine Drehung benötigt wird, beträgt 25 Minuten. Der Graph zeigt eine Fahrt von 50 Minuten, während der das Riesenrad zweimal gedreht wird.

b) x-Achse: Fahrzeit in Minuten   y-Achse: Höhe in m
Dem Graphen kann die Dauer für eine Umdrehung des London Eye entnommen werden (25 Minuten). Zudem zeigt er die Höhe des Riesenrads an (145 m).

c)

Fahrtzeit in min	Höhe in m
0	10
2,5	20
5	50
7,5	100
10	135
12,5	145
15	135
17,5	100
20	50
22,5	20
25	10
27,5	20
30	50

16

14 *Füllexperimente im Museum und im Klassenraum*

a) x-Achse: Eingefüllte Flüssigkeitsmenge in ml   y-Achse: Füllhöhe in mm

b) Bild 1: (2)   Bild 2: (1)   Bild 3: (5)   Bild 4: (4)
Bild 5: (6)   Bild 6: (3)

c) Schüleraktivität.

Kopfübungen

1. $\frac{6}{5} = 1\frac{1}{5}$
2. B, C
3. -24
4. 7 Tage und 7 Stunden
5. rechts
6. 135°
7. 1080 €

17

Projekt

In diesem Projekt können die Schülerinnen und Schüler ihre Fähigkeiten trainieren, Füllkurven anhand von vorgegebenen Gefäßen zu beschreiben. Das elektronische Hilfsmittel Funktionen und Graphen (ISBN 978-3-507-**85497**-0) bietet ihnen dabei die Möglichkeit, Füllgraphen zu verschiedenen Gefäßen zu animieren und ihre vorher ermittelten Graphen zu überprüfen.

1.2 Graphen, Tabellen, Formeln

18 **1** *Wandern*

a) Die rote Linie stellt die schnellere Person dar.

Zeit in Stunden	1	2	3	4
Schnelle Person: Strecke in km	6	12	18	24
Langsame Person: Strecke in km	4	8	12	16

b) Der Graph für den Jogger müsste steiler sein.
c) Der Graph zeigt nach 2 Stunden einen waagerechten Verlauf. Dieser dauert 0,5 h an.

2 *Tabelle mit Lücken*

a)

x	0	1	2	3	4	5	6	9
y	3	5	7	9	11	13	15	21

b)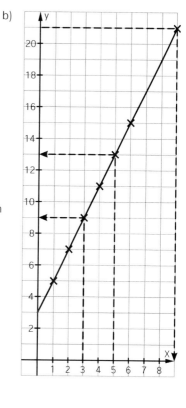

c) $y = 2x + 3$
zu $x = 26$ gehört $y = 55$

3 *„Wochenend und Sonnenschein"*

a) $200\,€ + (680 - 300) \cdot 0{,}36\,€ = 336{,}80\,€$

b)

km	200	300	400	500	700	1000
Preis in €	200	200	236	272	344	452

19 **4** *Das Fallgesetz – vom Experiment zur Rechenvorschrift*

a) Die Abstände zwischen den Kugelpositionen werden von Bild zu Bild größer.

b)

Zeit t in s	0,0	0,2	0,4	0,6	0,8	1,0
Strecke in cm	0	20	80	180	320	500

c)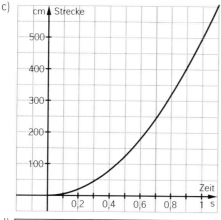

d)

Zeit t in s	0,0	0,2	0,4	0,6	0,8	1,0
$5 \cdot t \cdot t$ in m	0,0	0,2	0,8	1,8	3,2	5,0

Die Eintragungen in der Tabelle stimmen mit denen aus Teil b) überein.

e) Man kann einen Stein in den Brunnen fallen lassen und die Fallzeit mit der Stoppuhr messen. Wird die Fallzeit (in Sekunden) quadriert und das Quadrat mit 5 multipliziert erhält man die Fallstrecke (in Metern).

19 **5** *Schnee am Feldberg im Schwarzwald*

a) Im Vergleich zur vergangenen Saison: ja.

b) größte Schneehöhe: Berg: ca. 104 cm;   Tal: 66 cm;   verg. Saison: 160 cm
geringste Schneehöhe: Berg: ca. 18 cm;   Tal: 4 cm;   verg. Saison: 4 cm
In der Zeit vom 16.01.–19.03.2006 lag der Schnee höher als 40 cm.
Weihnachten 2005 lagen zwischen 20 cm und 30 cm Schnee.

c) Statistik der Schneehöhen 2004/2005

Datum	19.12.	26.12.	02.01.	09.01.	16.01.	23.01.	30.01.	06.02.
Schneehöhe in cm	235	230	244	244	250	260	300	285

Datum	13.02.	20.02.	27.02.	06.03.	13.03.	20.03.	27.03.
Schneehöhe in cm	280	280	320	215	200	160	220

Die Schneehöhen waren im Jahr 2004/2005 sehr viel höher als im Jahr 2005/2006.

21 **6** *Tabelle und Rechenvorschrift*

a) (2)   b) (2)   c) (2)   d) (3)

7 *Rechenvorschrift → Tabelle → Graph*

a)

x	0,5	1	2	3	4	5
y	−3,5	−3	−2	−1	0	1

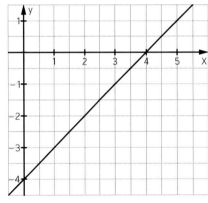

b)

x	0,5	1	2	3	4	5
y	4	5	7	9	11	13

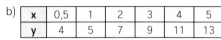
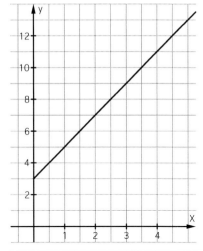

c)

x	0,5	1	2	3	4	5
y	0,25	1	4	9	16	25

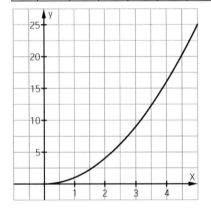

d)

x	0,5	1	2	3	4	5
y	48	24	12	8	6	4,8

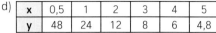
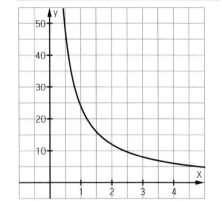

21

8 *Tabellen ergänzen*

a)

x	0	2	3	5	10	x	0,5
y	4	6	7	9	14	x + 4	4,5

$y = x + 4$; addiere zu x die Zahl 4, um y zu erhalten.

b)

x	0	2	4	10	50	x	1,5
y	0	6	12	30	150	3x	4,5

$y = 3x$; y ist das 3fache von x.

c)

x	1	2	5	$\frac{2}{3}$	$\frac{2}{5}$	x	1,5
y	1	$\frac{1}{2}$	$\frac{1}{5}$	$\frac{3}{2}$	$\frac{5}{2}$	$\frac{1}{x}$	$\frac{2}{3}$

$y = \frac{1}{x}$; y ist der Kehrwert von x.

d)

x	1	2	3	4	5	x	1,5
y	0	3	8	15	24	$x^2 - 1$	1,25

$y = x^2 - 1$; y ist das um 1 verminderte Quadrat von x.

9 *Graph → Tabelle → Rechenvorschrift*

a)

x	y
0	0
1	3
2	6
3	9
4	12

$y = 3 \cdot x$

b)

x	y
0	2
1	5
2	8
3	11
4	14

$y = 3 \cdot x + 2$

c)

x	y
0	0
1	$\frac{3}{2}$
2	3
3	$\frac{9}{2}$
4	6

$y = \frac{3}{2} \cdot x$

d)

x	y
0	0
1	1
2	4
3	9
4	16

$y = x \cdot x$

22

10 *Pfützen und Getränke*

a) (A) → (1) oder (4), (B) → (2) oder (3)

b) (A) Je größer die x-Werte werden, desto größer werden die y-Werte.
(B) Je größer die x-Werte werden, desto kleiner werden die y-Werte.

11 *Zuordnungen in der Geometrie*

a) 20 cm   b) $U(s) = 4s$ c) 25 cm²   d) $A(s) = s^2$

e) $A(10) = 100$; $A(20) = 400$; $A(40) = 1600$
$U(10) = 40$; $U(20) = 80$; $U(40) = 160$

12 *Zuordnungen beim Würfel*

a) $k = 120$ cm; $O = 600$ cm²; $V = 1000$ cm³

b) $k(s) = 12s$; $O(s) = 6s^2$; $V(s) = s^3$

c) $k(20) = 240$ cm; $O(20) = 2400$ cm²; $V(20) = 8000$ cm³
$k(40) = 480$ cm; $O(40) = 9600$ cm²; $V(40) = 64\,000$ cm³
$k(80) = 960$ cm; $O(80) = 38\,400$ cm²; $V(80) = 512\,000$ cm³

d) Wenn man die Kantenlänge verdoppelt,
dann verdoppelt sich die Summe der Kantenlängen,
dann vergrößert sich die Oberfläche um das Vierfache,
dann vergrößert sich das Volumen um das Achtfache.

23

13 *Bakterienwachstum*

a) Graph (3), da die Anzahl der Bakterien immer stärker ansteigt.

b)

Zeit	Anzahl
0	100
1	200
2	400
3	800
4	1600
5	3200
6	6400
7	12 800
8	25 600

c)

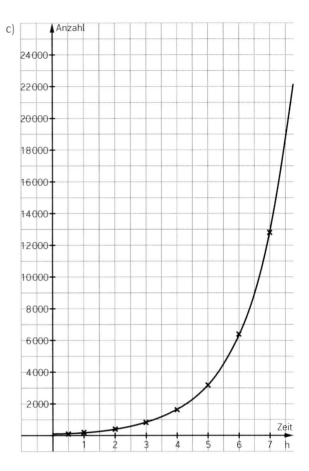

14 *Blutdruck und Schock*

a)

Alter	3	4	5	6	7	8	9	10	11	12
Blutdruck	76	78	80	82	84	86	88	90	92	94

b)

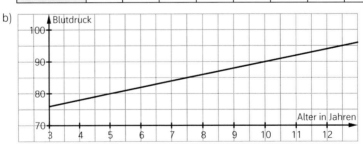

15 *Unterarmlänge und Körpergröße*

a) $k(38) = 139$ $k(45) = 167$
   $k(40) = 147$ $k(52) = 195$

Es wird die Körpergröße in cm angegeben.

b) Schüleraktivität.

23 Kopfübungen

1. 1500 €
2. Würfel, Quader, quadratische Pyramide
3. 72 Liter
4. 120°
5. (1) wahr (2) wahr
6. ca. 23
7. 20 %

24 16 *Der Anhalteweg eines Autos*

a) $r(v) = \dfrac{v}{5}$

v in $\frac{km}{h}$	10	20	30	40	50	60	70	80	90	100	110	120	130	140
r in m	2	4	6	8	10	12	14	16	18	20	22	24	26	28

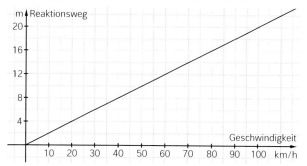

b)

v in $\frac{km}{h}$	10	20	30	40	50	60	70	80	90	100	110	120	130	140
b in m	1	4	9	16	25	36	49	64	81	100	121	144	169	196

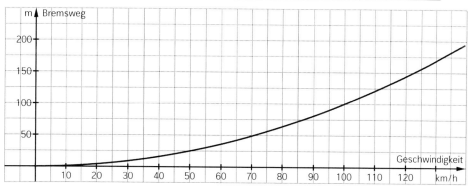

c) Die Grafik aus a) ist eine Gerade, die aus b) eine Kurve.

24 **16** d)

v in $\frac{km}{h}$	10	20	30	40	50	60	70	80	90	100	110	120	130	140
r + b in m	3	8	15	24	35	48	63	80	99	120	143	168	195	224

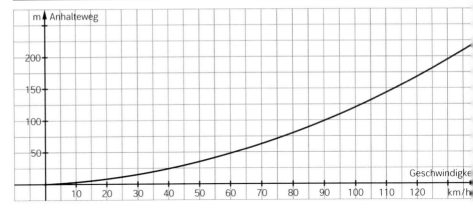

17 Nochmals Anhalteweg
a) A1, B1, C1, D1, A2, A3, A4
b) Der Bremsweg ist auf nasser Straße doppelt so lang.
c) C2 = A2*A2/100; D2 = B2 + C2

1.3 Proportionale Zuordnungen

25 **1** Weltrekorde
Kai hat die 400 m-Zeit vervielfacht, für 800 m mal 2, für 10 000 m mal 25. Das funktioniert im Leben aber nicht so, da die Sportler nicht die Kondition haben, um so zu sprinten.

2 Fernsehwerbung bei TAS 1
a) Aus der Grafik lassen sich nur grobe Näherungswerte ablesen.

	2,5 min	3 min	4 min
14.00 – 18.00	≈ 83 333 €	100 000 €	≈ 133 333 €
18.00 – 20.00	125 000 €	150 000 €	200 000 €
20.00 – 23.00	200 000 €	240 000 €	325 000 €

b) 14.00 – 18.00: ≈ 33 333 $\frac{€}{min}$

18.00 – 20.00: 50 000 $\frac{€}{min}$

20.00 – 23.00: 80 000 $\frac{€}{min}$

c) Nachmittag 12 min: 400 000 €
Vorabend   12 min: 600 000 €
Abend   12 min: 960 000 €

25 3 *Chips, Lakritz & Co.*

a)

840 kJ
1050 kJ
1680 kJ
2268 kJ
2940 kJ

b) Kalorie: x; Joule: y

$y = 4,2 \cdot x$

27 4 *Tabellen vervollständigen*

a)

x	1	4	5	2,5	8	10
y	4	16	20	10	32	40

b)

x	2	3	6	12	0,5	30
y	4	6	12	24	1	60

c)

x	2	8	10	4	40	23,5
y	8	32	40	16	160	94

d)

x	1	2	3	4	5	6
y	120	240	360	480	600	720

5 *Alles proportional? – Graphen*

Die Graphen (2) und (3) sind proportional.

(2) $y = \frac{2}{5} \cdot x$ (3) $y = \frac{5}{2} \cdot x$

28 6 *Rechenvorschriften überprüfen*

Es sind alle Rechenvorschriften in Tabellen und Graphen dargestellt.

a) $a(x) = 4x + 2$

nicht proportional

x	0	1	2	3
y	2	6	10	14

b) $b(x) = 5x$

proportional

x	0	0,5	1	1,5
y	0	2,5	5	7,5

c) $c(x) = 3x^2$

nicht proportional

x	0	0,5	1	1,5
y	0	0,75	3	6,75

d) $d(x) = 0,5x$

proportional

x	0	1	2	3
y	0	0,5	1	1,5

e) $e(x) = x - 2$

nicht proportional

x	0	1	2	3
y	-2	-1	0	1

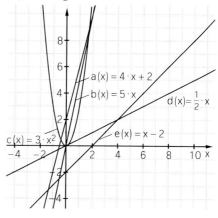

7 *Nicht jede Gerade stellt eine proportionale Zuordnung dar*

a) Nein, der Graph einer proportionalen Zuordnung geht durch den Ursprung.

b) Durch kilometerunabhängige Fixkosten gilt nicht doppelte Strecke → doppelter Preis.
Außerdem ist die Gleichheit der Quotienten aus jedem Wertepaar nicht gegeben.

Strecke in km	0	100	200	350
Kosten in €	75	125	175	250

28   **8** *Dosierung beachten*

a)

Körpergewicht (kg)	Medikament (ml)	Kochsalzlösung (ml)
60	36	300
65	39	325
70	42	350
75	45	375
80	48	400
85	51	425
90	54	450

Körpergewicht: K; Medikament: $M = 0{,}6 \cdot K$; Kochsalzlösung: $L = 5 \cdot K$

b) Der Graph ermöglicht das Ablesen von Zwischenwerten; allerdings nur näherungsweise.

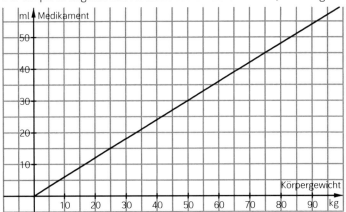

9 *Aquarien*

a) B → 1   Je größer die Grundfläche ist, desto langsamer steigt die Füllhöhe.
   C → 2
   A → 3

b) B 1:   Füllhöhe $= \frac{5}{3} \frac{cm}{s} \cdot$ Zeit

   C 2:   Füllhöhe $= \frac{5}{7} \frac{cm}{s} \cdot$ Zeit

   A 3:   Füllhöhe $= 0{,}5 \frac{cm}{s} \cdot$ Zeit

c)

	15 s	30 s	3 s	25 s
A	7,5 cm	15 cm	1,5 cm	12,5 cm
B	21,4 cm	42,9 cm	4,3 cm	35,7 cm
C	10,7 cm	21,4 cm	2,1 cm	17,9 cm

10 *Alles proportional? – Situationen*

	„je mehr – desto mehr"	proportional
a)	x	x (sofern es keinen Mengenrabatt gibt)
b)	–	–
c)	x	x (sofern es keinen Mengenrabatt gibt)
d)	–	–
e)	x	– (kubisches Wachstum)
f)	–	– (Stufentarife)

29 **11** *Alles Käse?*
a) **Nora** berechnet zunächst wie viel 100 g kosten und multipliziert das Ergebnis mit 2.
Sergej rechnet auf 1000 g hoch (Multiplikation mit 2) und teilt dann durch 5, um auf 200 g zu kommen.
Ellen rechnet wie Nora, aber sie benutzt nicht den Dreisatz, sondern die Tabelle.
b) Schüleraktivität.

30 **12** *Apfelsaft*
a) 15 Flaschen
b) 175 (125; 325) kg
c) 12 Flaschen   Der Rest der Äpfel genügt nicht für eine weitere Flasche.

13 *Spritfresser*
Lisa: 1 l · 54 $8,\overline{3}$ km · 54 = 450 km   Jan: 6 l · 9   50 km · 9 = 450 km

14 *Schülercafé*
a)

	Schinken (g)	Butter (g)	Gurken
120	2880	600	5
180	4320	900	8
250	6000	1250	10

Die Gurken werden nicht vollständig aufgebraucht.

b) 125 (104; 250) Brötchen

15 *Pralinen*
Sahne: 13,50 €   Schoko: 11,50 €   Nuss: 12,75 €

16 *Wasserverschwendung*
a) 180 ml   b) 8640 l (3 153 600 l)

31 **17** *Erdbevölkerung*
a) 5 250 000 km   b) 53 426 700

18 *Mathe zum Schmunzeln*
a) 1 Windbeutel $\triangleq$ 4 s
730 Windbeutel $\triangleq$ 2920 s $\triangleq$ ungefähr 49 min
b) 1 s $\triangleq \frac{1}{4}$ Windbeutel
2 h = 7200 s $\triangleq$ 1800 Windbeutel
Die Lösungen für a) und b) sind theoretisch möglich. In der Praxis wird Simon nur einige Windbeutel essen können, bis er entweder satt oder ihm schlecht ist.

19 *Vorsicht, Falle!*
(1) Nein, die Kochdauer verdoppelt sich nicht.
(2) Ja, 18 CDs · 8 Reihen $\triangleq$ 144 CDs
(3) Ja, 100 Blatt $\triangleq$ 1,20 cm; 600 Blatt $\triangleq$ 7,20 cm
(4) Nein, die Henne brütet 4 Eier genau so lange aus, wie 5.
(5) Nein, die Anzahl der Stürmer ist nicht ausschlaggebend, sondern ihre Qualität.
(6) praktisch nein, Anglerglück
theoretisch ja, 1 Angler fängt 5 Fische, 5 Angler fangen 25 Fische

31 **Kopfübungen**
1. 4
2. wahr
3. $250 + (63 : 9) = 257$
4. 39,6 g
5. 1400
6. a) 8   b) 11
7. 125 km

32 **20** *Nebenkosten*

a) Die Aufteilung der Nebenkosten wird von den Schülerinnen und Schülern möglicherweise in Hinblick auf die Personenzahl pro Haushalt oder die Wohnungsgröße diskutiert. Das Modell der Gleichverteilung wird möglicherweise relativ schnell ausgeschlossen. Kritisch zu sehen ist allerdings, dass nicht jede Person gleich hohe Nebenkosten verursacht, beispielsweise beim Wasserverbrauch von Kindern und Erwachsenen. Daher könnte auch eine individuelle Zählerlösung für jede Mietpartei vorgeschlagen werden.

b)

	(1)	(2)	(3)	(4)
Hartmanns	$\frac{4}{12} \cdot 4534,26\,€$ $= 1511,42\,€$	$\frac{105}{350} \cdot 4534,26\,€$ $= 1360,28\,€$	$\frac{1}{2} \cdot \frac{4}{12} \cdot 4534,26\,€$ $+ \frac{1}{2} \cdot \frac{105}{350} \cdot 4534,26\,€$ $= 1435,85\,€$	$1133,57\,€$
Pfeiffers	1889,28 €	1554,60 €	1721,94 €	1133,57 €
Friedrichs	755,71 €	906,85 €	831,28 €	1133,57 €
Speth	377,86 €	712,53 €	545,20 €	1133,57 €

21 *Reiskörner*

Man könnte eine geringe Anzahl von Reiskörnern abzählen und möglichst genau abwiegen. Anschließend ließe sich anhand des Gewichts hochrechnen, wie viele Reiskörner in einem Kilogramm Reis enthalten sind.

22 *Wasserdruck und Wassertiefe*

a)

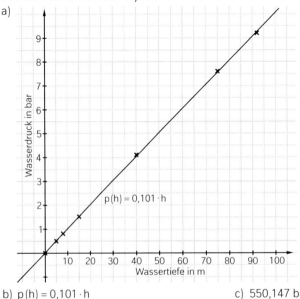

$p(h) = 0,101 \cdot h$

b) $p(h) = 0,101 \cdot h$ c) 550,147 bar

1.4 Antiproportionale Zuordnungen

33 [1] *Camping-Pläne*

Personen		Tage	
:3↓ 3		12 ↓·3	
1		36	
·4↓ 4		9 ↓:4	

Die Lebensmittel reichen für 9 Tage.
Wenn zwei weitere Freundinnen mitkommen, reichen die Lebensmittel 6 Tage.

[2] *Rechtecke*
a) Rechtecke:

x	1	2	3	4	6	9	12	18	36
y	36	18	12	9	6	4	3	2	1

b) $x = \dfrac{36}{y}$ $y = \dfrac{36}{x}$

c) Die Koordinaten des oberen rechten Eckpunktes $(x\,|\,y)$ geben die Maße des Rechtecks an, Breite x und Höhe y.

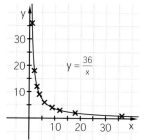

d)

x	1	2	3	4	6	8	12	16	24	48
y	48	24	16	12	8	6	4	3	2	1

$y = \dfrac{48}{x}$

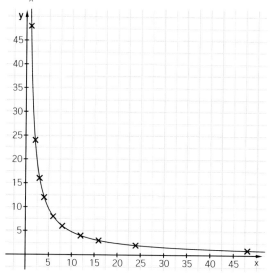

33 **3** *Verbrauch und Reichweite*

a)

Verbrauch	Reichweite
15 l	400 km
20 l	300 km
12 l	500 km
10 l	600 km
5 l	1200 km

b)

Verbrauch	Reichweite
3 l	2000 km
4 l	1500 km
5 l	1200 km

$$\text{Reichweite} = \frac{6000}{\text{Verbrauch}}$$

c) Der Tank fasst 60 l.

35 **4** *Fruchtkelterei*

Packungen	Inhalt
2000	$\frac{1}{2}$ l
1000	1 l
666	1,5 l (etwas Saft bleibt übrig)
500	2 l

5 *Lücken füllen*

a)

x	1	2	4	6	12
y	60	30	15	10	5

b)

x	1	2	3	4	5
y	175	87,5	58,34	34,75	35

6 *Ein Wertepaar reicht*

(1) a)

x	5	8	20	50	4
y	8	5	2	0,8	10

b) $y = \frac{40}{x}$

(2) a)

x	5	8	20	50	10
y	40	25	10	4	20

b) $y = \frac{200}{x}$

(3) a)

x	5	8	20	50	12
y	72	45	18	$7\frac{1}{5} = 7,2$	30

b) $y = \frac{360}{x}$

(4) a)

x	5	8	20	50	16
y	16	10	4	$\frac{8}{5} = 1,6$	5

b) $y = \frac{80}{x}$

36 **7** *Antiproportionalität und „je mehr … desto weniger"*

a)

leere Flaschen	volle Flaschen
1	23
2	22
3	21
…	…

b) Zuordnung nicht antiproportional, da die **Summe** (1 + 23, 2 + 22, …) konstant ist, nicht aber das **Produkt**.

36 **8** *Entdeckungen am Graphen*

a) (1) $y = \frac{2}{x}$ der rote Graph (2) $y = \frac{4}{x}$ der blaue Graph

(3) $y = \frac{7}{x}$ der grüne Graph

b) Es genügt, einen Punkt des Graphen herauszugreifen um die Zuordnung festzustellen. Am besten nimmt man den einfachsten: $x = 1$, $y = ?$
Die Graphen sind unterschiedlich „steil". Je größer die Zahl im Zähler ist, desto „höher" liegt der Graph.

37 **9** *Fensterputzer, ein Buch, Brötchen und eine Radtour*

(1)
Fensterputzer	1	3	6	24
Stunden (Tage)	192 (24)	64 (8)	32 (4)	8 (1)

(2)
Lesedauer pro Tag	4	6	7,5
Zeit zum Auslesen	15	10	8

(3)
Geschwindigkeit	$15\ \frac{km}{h}$	$20\ \frac{km}{h}$	$26\frac{2}{3}\ \frac{km}{h}$
Zeitdauer für Umrundung	2 h 40 min	2 h	1 h 30 min

(4)
Brötchenmasse in g	36	40	$44\frac{4}{9}$
Anzahl	$1111\frac{1}{9}$	1000	900

10 *Multiple Choice*

a) 100,8 kg b) 9 h 20 min

11 *Gewicht im Lift*

a) Theoretisch könnten 16 Kinder dort mitfahren, wenn alle höchstens 40 kg wiegen und genug Platz für sie vorhanden ist.
b) 64 kg
c) Bei einem Durchschnittsgewicht von 80 kg wäre der Aufzug für 15 Personen zugelassen.

12 *Hausbau*

a) 3 Arbeiter bauen 40 Tage,
6 Arbeiter bauen 20 Tage,
4 Arbeiter bauen 30 Tage,
wenn man eine antiproportionale Zuordnung unterstellt.
b) Es ist nicht besonders effektiv, alle Arbeiter einzusetzen.
Gründe: Arbeiter behindern sich, bestimmte Arbeiten fallen nacheinander an, ...

38 **13** *Arbeitszeiten*

a) Die Gewerkschaft nimmt an, dass der Zusammenhang zwischen Wochen-Arbeitszeit und Zahl der Arbeitskräfte antiproportional ist.
b) Er könnte z. B. argumentieren, dass die Mitarbeiter bei kürzerer Wochenarbeitszeit ausgeruhter sind und die anstehenden Arbeiten effektiver erledigen.
Er könnte auch zusätzlich Maschinen (z. B. Computer) anschaffen, die die Mitarbeiter unterstützen.

38 **14** *Antiproportionale Zuordnungen zum Schmunzeln*
(1) 96 Bagger (1152 Bagger)　　　　　　(2) 360 Lehrer
Die Lösungen sind nur theoretisch möglich. Schon 96 Bagger würden sich gegenseitig
behindern, eine Baugrube auszuheben.
Johannes kann nicht pausenlos in einem Jahr den Schulstoff von 8 Jahren lernen.

15 *Kürbiskernöl*
a) 1178 Flaschen
b) Jonas ist davon ausgegangen, dass der Delikatessenhändler einen Festpreis pro Liter
berechnet. Es wird jedoch ein Preis pro Flasche angegeben.
c) Der Händler kann mit einem Einnahmezuwachs von 1248 € rechnen, wenn er alle Flaschen zu diesem Preis verkaufen kann. Es kommen jedoch auch Anschaffungskosten für
weitere Flaschen, Lagerung und Abfüllen hinzu.

Kopfübungen

1. $\frac{8}{15}$
2. A′(2|2), B′(1|0), C′(0|2)
3. (120 − 80) : 8 = 5
4. 20°
5. −16; −3; −1; 1; 3; 16
6. 16 000 000
7. 10 Minuten

39 **16** *Pflasterarbeiten*

a)

Kantenlänge	Anzahl
4 cm	300
5 cm	240
6 cm	200
8 cm	150
10 cm	120
12 cm	100
15 cm	80
24 cm	50

$\text{Anzahl} = \dfrac{1200}{\text{Kantenlänge}}$
antiproportionale Zuordnung

b)

Kantenlänge	Anzahl pro Reihe	Anzahl gesamt
4 cm	90	8100
5 cm	72	5184
6 cm	60	3600
8 cm	45	2025
10 cm	36	1296
12 cm	30	900
15 cm	24	576
24 cm	15	225
	antiproportional: $\text{Anzahl} = \dfrac{360}{\text{Länge}}$	nicht antiproportional

39 [17] *Erfahrungen auf der Wippe*

a) Das Produkt aus dem Gewicht der Münzen und der Länge des Wipparms ist gleich.

b)

	Gewicht in kg	Länge der Wippe in m
Christine	60	1
Bert	120	$\frac{1}{2}$
Anna	30	2
Tina	15	4
Jens	20	3

c) Eine Seite der Wippe stellt den Lastarm dar, die andere den Kraftarm. Eine Wippe entspricht einem angewandten Hebel.

1.5 Zuordnungen mit Termen – Problemlösen

40 [1] *Faustregeln*

a) (1) Entfernung in km: e
   Anzahl der Sekunden: s
   $e(s) = \frac{s}{3}$

(2) Temperatur in °Celsius: C
   Temperatur in °Fahrenheit: F
   $C(F) = \frac{F - 30}{2}$

(3) Normalgewicht in kg: N
   Körpergröße in cm: g
   $N(g) = g - 100$

(4) Größe im Alter von 2 Jahren: k
   Größe als Erwachsener: E
   $E(k) = 2 \cdot k$

b) Schüleraktivität.

[2] *Vier Säcke voller Bälle*

a)

Sack 1 Term: x	Sack 2 Term: x + 8	Sack 3 Term: 4x	Sack 4 Term: 3(x + 8)
1	9	4	27
3	11	12	33
2	10	8	30
12	20	48	60
28	36	112	108

b) Schüleraktivität.

41 [3] *Eine Tabelle, ein Diagramm und ein Dreieck*

a) $x \rightarrow y$
   $y = x^2 + 1$

b) $t \rightarrow s$
   $s = 50 \cdot t$

c) $x \rightarrow U$
   $U = 3 \cdot x$

[4] *Muster mit Legosteinen*

linke Abbildung: $x \rightarrow 3x + 8$

1. Schritt: 11 Knöpfe
2. Schritt: 14 Knöpfe
3. Schritt: 17 Knöpfe
4. Schritt: 20 Knöpfe
5. Schritt: 23 Knöpfe
6. Schritt: 26 Knöpfe
⋮
100. Schritt: 308 Knöpfe
2000. Schritt: 6008 Knöpfe

rechte Abbildung: $x \rightarrow 8x + 4$

1. Schritt: 12 Knöpfe
2. Schritt: 20 Knöpfe
3. Schritt: 28 Knöpfe
4. Schritt: 36 Knöpfe
5. Schritt: 44 Knöpfe
6. Schritt: 52 Knöpfe
⋮
100. Schritt: 804 Knöpfe
2000. Schritt: 16 004 Knöpfe

42

5 *Rechtecke*
a) $A(x) = 10x$
$U(x) = 2x + 20$
b) $A(x) = 6x$
$U(x) = 4x + 6$
c) $A(x) = 2x^2$
$U(x) = 6x$

43

6 *Terme finden*
a) $x \to 3x$
b) $x \to x + 3$
c) $x \to x - 1$
d) $x \to x^2$
e) $x \to 3x + 2$

7 *Ein Term für viele*
a) $T(x) = 2x + 4$
b) $T(x) = 5x - 2$
c) $T(x) = 1,5 \cdot x^2 - x$
d) $T(x) = \frac{1}{x} + 3$

8 *Verschiedene Terme – gleiche Zuordnung*
a) Jede der Zuordnungen liefert die gleiche Tabelle:

0	1	2	3	4	5
3	7	11	15	19	23

b) Beispiele: $x \to 10x - 3(2x - 1)$ $\qquad$ $x \to 4(x + 1) - 1$

9 *Eigenartige Zuordnungen*
a)

0	1	2	3	4	5
3	3	3	3	3	3

Der Term kann umgeformt werden: $3(x + 4) - 9 - 3x = 3$
Die Zuordnung lautet somit: $x \to 3$

b)

0	1	2	3	4	5
0	0	0	0	0	0

Wenn man den Term umformt lautet die Zuordnung: $x \to 0$
c) Schüleraktivität.

10 *Zwei Figuren*
Rechteck: $\qquad$ $U_R(x) = 2(x + 3) + 8 = 2x + 14$
Dreieck: $\qquad$ $U_D(x) = 6x$
Für $x = 3,5$ haben beide Figuren den Umfang $U_R(x) = U_D(x) = 21$.

11 *Schwarze Schafe*
a) Falsche Terme wurden von Clara und Tom geäußert.
b) Schüleraktivität.

44

12 *Terme für verschiedene Situationen*
a) (1) Höhe einer Kerze (2) Kreisumfang (3) Geschwindigkeit in $\frac{m}{s}$ (4) Fallstrecke
in m
b) (1)

x	0	5	10	15	20
y	10	9	8	7	6

(2)

x	12	24	36	48	60
y	37,7	75,4	113,0	150,7	188,4

(3)

x	10	30	50	70	90
y	2,78	8,33	13,89	19,44	25

44 (12) (4)

x	0,25	0,5	0,75	1	1,25
y	0,3125	1,25	2,8125	5	7,8125

(13) *Terme im Wettstreit*
a) $6 \cdot 8 = 48$ $4 \cdot (8 + 15) = 4 \cdot 23 = 92$
b) Ja, dazu sollten beide Terme in einer Grafik veranschaulicht werden.

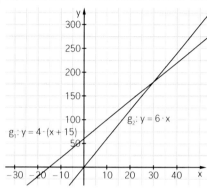

45 (14) *Terme in der Geometrie*
a) (1) $\frac{1}{2} \cdot a \cdot b$ (2) $b^2 + \frac{1}{2} \cdot a \cdot b$ (3) $a \cdot b + \frac{b^2}{2}$
b) (1) Gesamtlänge aller Kanten   (2) Oberfläche des Quaders (3) Volumen des Quaders

(15) *Ein Baumstamm*
$R(x, y) = 18 - x - y$

x in m	y in m	Rest
5	2	11
4	3	11
3	6	9
11	0	7
-	9	10
3	7	8

(16) *Bau von Pyramiden 2*
a) (1) und (4)
b) 48 cm (80 cm)
c) (1) $24 + 4 \cdot s$ (2) 64 cm   (3) $4 \cdot a + 4 \cdot (a + 4) = 8 \cdot a + 16$

46 **17** *Wie hoch reicht eine Rettungsleiter?*

a) Aus der Zeichnung ist die Höhe 18,3 m abzulesen.

b)

Abstand in m	2	4	6	8	10	12	14	16	18	20
Höhe in m	19,9	19,6	19,1	18,3	17,3	16,0	14,3	12,0	8,7	0

Bei größeren Abständen verändern sich die erreichbaren Höhen sehr stark.
Deshalb empfiehlt es sich, dort die Abstände in kleineren Schritten zu variieren.

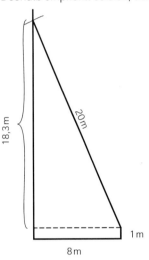

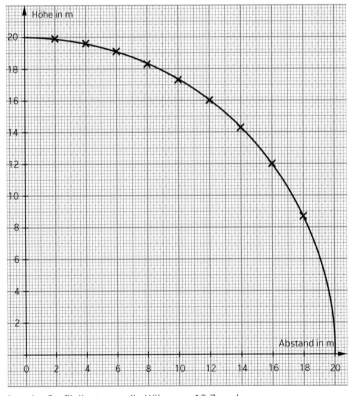

c) Aus der Grafik liest man die Höhe von 16,7 m ab.

47 **18** *Volumen von Eisen*

$V(2t) \approx 254\,dm^3$

19 *Muffins*

a) $(16,58\,€ + 20,00\,€):96 \approx 0,39\,€$

b)

Packungsgröße	Anzahl	Preis in €
2	48	0,78
3	32	1,17
4	24	1,56

20 *Schattenlängen*

a) Schüleraktivität.

b) Schüleraktivität.

c) Die Schülerinnen und Schüler werden durch diese Aufgabe an eine Anwendung des Strahlensatzes herangeführt. Die Untersuchungen sollten dabei möglichst unter Zuhilfenahme der Skizze mit einem dynamischen Geometrieprogramm durchgeführt werden. Erfahrungsgemäß wird schnell der Zusammenhang von Schattenlänge und Einstrahlungswinkel gefunden. An dieser Stelle sollte jedoch auf eine weitere Vertiefung trigonometrischer Grundlagen verzichtet werden.

21 *Wachsen einer Ameisenkolonie*

a) (1)

Zeit in Monaten	Anzahl
4	500
5	600
6	700

(2)

Zeit in Monaten	Anzahl
4	1600
5	3200
6	6400

b) (1) Die Kolonie wächst monatlich um 100 Tiere.

(2) Die Kolonie verdoppelt ihre Größe in jedem Monat.

c) Das zweite Modell wird von Schülern möglicherweise als sinnvoll erachtet, wenn man die Größe von sehr großen Kolonien betrachtet. Allerdings sind bei solchen Kolonien Verdopplungen der Anzahl der Tiere nicht der Wirklichkeit entsprechend. Hier könnte phänomenologisch bereits das exponentielle Wachstum erwähnt werden.

48 **22** *Würfelmauern*

a)

Figur	$(n+1)^2 - 1$	$n^2 + 2n$	$n \cdot (n+1) + n$
1	3	3	3
2	8	8	8
3	15	15	15
4	24	24	24
5	35	35	35

Bedeutung von n: Kantenlänge des größten inneren Quaders mit quadratischer Fläche in Würfeln

b) 120 Würfel

c) Die Formeln spiegeln die Zerlegung der Würfelmauern in Einzelfiguren wider.

48 **23** *Punktmuster*

a)

Muster	4. Figur
A	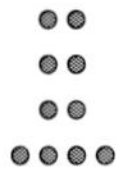
B	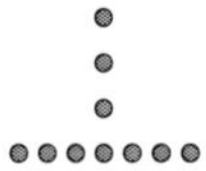
C	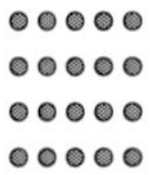

b)

A

Nummer der Figur	Anzahl der Punkte
1.	4
2.	6
3.	8
4.	10
5.	12
10.	22
20.	42

B

Nummer der Figur	Anzahl der Punkte
1.	1
2.	4
3.	7
4.	10
5.	13
10.	28
20.	58

C

Nummer der Figur	Anzahl der Punkte
1.	5
2.	10
3.	15
4.	20
5.	25
10.	50
20.	100

c) A $2n + 2$ B $3n - 2$ C $5n$

24 *Perlenbilder*

a) $3 \cdot (n - 1)$ b) $4 \cdot (n - 1)$ c) $6 \cdot (n - 1)$

Kopfübungen

1. 9,5
2. Quader, 3 Drehachsen
3. 45
4. Kopf: 1 cm; Gesamtlänge: 2,5 cm
5. -65
6. 450 Männer
7. 0,4 Liter

49 **25** *Planung eines Fluges zum Mars*

a) Die Entfernung von Mars und Erde ist nicht immer gleich sondern schwankt wegen der Planetenbewegungen zwischen ca. 55 Millionen und 400 Millionen Kilometern. Nimmt man aber eine Entfernung von 200 Millionen Kilometern an, dauerte ein Flug zum Mars mit einer Geschwindigkeit von 35 000 $\frac{km}{h}$ etwa 5715 Stunden (ca. 238 Tage).

b) $t = \frac{s}{v}$ Zeit in h $= \dfrac{\text{Entfernung in km}}{\text{Geschwindigkeit in } \frac{km}{h}}$

49

26 *Ketten, Gitter, Hochregale*

a) $y = x - 1$ (eindimensionale Kette)

b) 4×5-Gitter: Verbinder: $20 = x \cdot y$,

Stäbe: $y \cdot (x - 1) + x \cdot (y - 1) = 4 \cdot (5 - 1) + 5 \cdot (4 - 1) = 31$

5×7-Gitter: 35 Verbinder, 58 Stäbe

10×15-Gitter: 150 Verbinder, 275 Stäbe

a×b-Gitter: ab Verbinder, $(2ab - a - b)$ Stäbe

c) Ein Regal bedeutet zwei verbundene 6×11-Gitter. Verbinder: $2 \cdot 6 \cdot 11 = 132$,

Stäbe: $2 \cdot (2 \cdot 6 \cdot 11 - 6 - 11)$ für die Gitter + $(6 \cdot 11)$ für die Verbindung = 296 gesamt

27 *Variationen über Trapeze*

a) (1) $x \hat{=}$ Höhe des Trapezes   (2) $x \hat{=}$ Länge der Seite c   (3) $x \hat{=}$ Länge der Seite a

(1)
A (6, 4, x)	x
5	1
10	2
15	3
20	4
30	5

(2)
A (6, x, 2)	x
7	1
8	2
9	3
10	4
11	5

(3)
A (x, 4, 2)	x
5	1
6	2
7	3
8	4
9	5

b) (1) Strecke der Länge a, (2) und (3) Dreiecke; A (a, a, h) → Rechteck, A (c, c, c) → Quadrat

c) Schüleraktivität.

Kapitel 2
Prozent- und Zinsrechnung

Didaktische Hinweise

Wer an „bürgerliches Rechnen" denkt, dem fallen sofort der Dreisatz (Proportionalität und Anti-proportionalität) und das Rechnen mit Prozenten ein. Dem Rechnen mit Prozenten wird wegen der Anwendungsrelevanz und wegen der auftretenden Tücken ein eigenes Kapitel gewidmet. So häufig wie Prozente und Zinsen im Alltag Verwendung finden, so hartnäckig sind die in diesem Zusammenhang gemachten Fehler. Daher bilden die Fehlererkennung und die Fehlerprävention einen der Schwerpunkte.

Ein besonderes Anliegen ist es, das erworbene Wissen, gerade in der Prozentrechnung, zu erhalten. Daher sind Prozente und Zinsen ein wichtiger Teil der immanenten Wiederholung in späteren Lernabschnitten und höheren Klassenstufen.

In Lernabschnitt **2.1** *Relativer Vergleich: Prozente in Tabellen und Diagrammen* wird mit Rücksicht auf die unterschiedlich ausgeprägten Vorerfahrungen aus den Jahrgangsstufen 5 und 6 (Bruchteile, Untersuchung statistischer Daten) der Prozentbegriff unter dem Aspekt des Vergleichens von Anteilen eingeführt. In diesem Zusammenhang werden sowohl das Kürzen und Erweitern als auch das Dividieren (Umwandeln in einen Dezimalbruch) durchgearbeitet. Kreis-, Stab- und Balkendiagramme werden zur Veranschaulichung herangezogen und daran die Interpretations- und Darstellungsfähigkeit von Informationen weiter entwickelt. Gerade die Fähigkeit, grafisch gegebene Informationen zu entschlüsseln, ist eine wesentliche Komponente des Textverständnisses.

In Abschnitt **2.2** *Grundwert – Prozentsatz – Prozentwert* steht bei der Bestimmung von Prozent- und Grundwert der Zuordnungsgedanke im Vordergrund. Gestützt auf die Erfahrungen mit dem Dreisatz kann so ohne aufwendiges Formellernen ein sicherer und flexibler Umgang mit verschiedenen Lösungsmöglichkeiten erreicht werden. Zur Unterstützung dienen Diagramme, die der visuellen Repräsentation der Grundaufgaben und der zugehörigen Rechnungen dienen und so dem visuellen Lerntyp entgegenkommen. Die verschiedenen Aufgabentypen (Prozentsatz, Prozentwert, Grundwert) werden gemeinsam behandelt, da dies das operatorische Durcharbeiten unterstützt und den realen Anforderungen entspricht. Die Fähigkeit, den jeweiligen Aufgabentyp in einer konkreten Situation erkennen zu können, wird zusätzlich durch das eigenständige Erfinden von Aufgaben geschult. Zuwachsaufgaben, bei denen der Grundwert gesucht ist, finden wegen des neuen Schwierigkeitsgrades gesondert Berücksichtigung.

Mit Abschnitt **2.3** ist den *Prozenten im Alltag* ein eigenes Kapitel gewidmet. Das trägt einerseits der Tatsache Rechnung, dass die Schwierigkeiten bei der Prozentrechnung oft vor allem im Mathematisieren des in Textform gegebenen Problems liegen. Andererseits gibt es Gelegenheit, das Augenmerk auf typische Merkwürdigkeiten der Prozentrechnung zu lenken und das Denken anhand entsprechender Aufgaben zu schulen.

Besonderheiten:
- Wo immer möglich, ist das Datenmaterial fächerübergreifend interessant oder von allgemeiner Bedeutung. Der Umgang mit Prozenten wird an den Beispielen geübt, bei denen er im Alltag auftritt (z. B. bei Steigungen oder am Kopierer).
- Die Schüler werden dazu angeregt, eigenständig Datenmaterial zu sammeln, rechnerisch und grafisch auszuwerten und zu reflektieren. Gleichzeitig wird zum kritischen Umgang mit der Erhebung und Interpretation von Daten angeleitet; wichtige Begriffe aus der Statistik tauchen auf.
- Quer durch die ganze Unterrichtsreihe sollte deutlich werden, wie viele Prozentaufgaben sich im Kopf lösen bzw. mit ausreichender Genauigkeit überschlagen lassen. Das erfordert Übung.

Lösungen

2.1 Relativer Vergleich: Prozente in Tabellen und Diagrammen

58 **1** *T-Shirts im Sonderangebot*

a) Trendhaus: $3 \cdot \frac{3}{4} \cdot 30\,€ = 67{,}50\,€$ T-Shirt 1-2-3: $30\,€ + 15\,€ + 10\,€ = 55\,€$

Klamotte: $30\,€ + 0\,€ + 30\,€ = 60\,€$ Modestübchen: $0{,}7 \cdot 3 \cdot 30\,€ = 63\,€$

Bei T-Shirt 1-2-3 erhält man den größten Rabatt. Dieser beträgt $35\,€$, also ca. $39\,\%$.

b) Der Prozentanteil gibt den relativen Anteil des Gesamtpreises an, den man spart. Der Rabatt wird also im Verhältnis zum Normalpreis angegeben.

2 *Wer hat besser gezielt?*

Zu vergleichen sind die Brüche $\frac{4}{10}$ und $\frac{9}{25}$.

Anna hat beide Brüche auf den Hauptnenner erweitert.

Klaus hat die Dezimaldarstellungen der Brüche berechnet.

Stefan hat beide Brüche in Prozent umgerechnet (d. h. auf den Nenner 100 erweitert).

Alle kommen zu dem Ergebnis, dass das Team der 7a besser abgeschnitten hat.

59 **3** *Vergleich mit dem Gummiband – das Prozentgummi*
Schüleraktivität.

4 *Aus einem Kochbuch für Ernährungsbewusste*

		Eiweiß	Fett	Kohlenhydrate	Sonstiges
a)	Hackfleisch	20 %	20 %	0 %	60 %
	Schokolade	9 %	33 %	55 %	3 %
	Bananen	1 %	0 %	16 %	83 %
b)	Aal	11 %	17 %	0 %	72 %
	Milch	9 %	4 %	5 %	82 %
	Haferflocken	14 %	7 %	66 %	13 %

c)

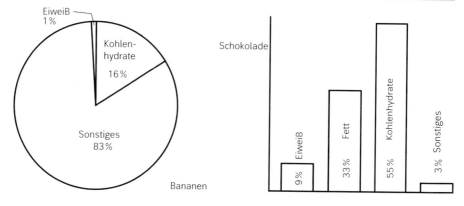

61 **5** *Anteile schätzen*

a) 50 %   b) 25 %   c) 12,5 %   d) 33 %   e) 67 %

61 **6** *Fische im Aquarium*

a) Der Vergleich der Anteile ist schwierig, weil die Gesamtzahl der Fische in den beiden Aquarien unterschiedlich ist (d. h. der Grundwert).

b) links: $\frac{7}{20} = \frac{35}{100} = 35\,\%$ $\qquad\qquad$ rechts: $\frac{9}{25} = \frac{36}{100} = 36\,\%$

Im rechten Aquarium ist der Anteil der roten Fische größer.

7 *Kundenumfrage*

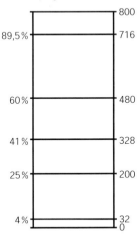

8 *Brüche, Dezimalzahlen und Prozentsätze*

a) $\frac{3}{4} = 75\,\%$ $\qquad$ $\frac{5}{8} = 62,5\,\%$ $\qquad$ $\frac{11}{20} = 55\,\%$

$\frac{9}{15} = 60\,\%$ $\qquad$ $\frac{174}{300} = 58\,\%$ $\qquad$ $\frac{230}{1000} = 23\,\%$

$\frac{23}{40} = 57,5\,\%$ $\qquad$ $\frac{21}{30} = 70\,\%$ $\qquad$ $\frac{35}{250} = 14\,\%$

b) $40\,\% = \frac{2}{5} = 0,4$ $\quad$ $38\,\% = \frac{19}{50} = 0,38$ $\quad$ $61\,\% = \frac{61}{100} = 0,61$ $\quad$ $75\,\% = \frac{3}{4} = 0,75$

$52\,\% = \frac{13}{25} = 0,52$ $\quad$ $95\,\% = \frac{19}{20} = 0,95$ $\quad$ $50\,\% = \frac{1}{2} = 0,5$ $\quad$ $76\,\% = \frac{19}{25} = 0,76$

9 *Anteile, die man sich merken sollte*

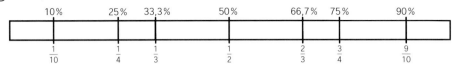

10 *Klassensprecherwahl*

Marian: $\frac{18}{30} = \frac{3}{5} = 60\,\%$ $\qquad\qquad$ Bastian: $\frac{16}{28} = \frac{4}{7} = 57\,\%$

Marian wurde mit größerer Mehrheit gewählt.

62 **11** *Prozente schätzen und berechnen*

a) $\frac{110}{1000} \approx \frac{100}{1000} = 10\,\%$ $\qquad$ b) $\frac{14}{60} \approx \frac{15}{60} = 25\,\%$ $\qquad$ c) $\frac{22}{30} \approx \frac{45}{60} = 75\,\%$

d) $\frac{240}{750} \approx \frac{1}{3} = 33\,\%$ $\qquad$ e) $\frac{21}{150} = \frac{14}{100} = 14\,\%$ $\qquad$ f) $\frac{30}{80} \approx \frac{40}{100} = 40\,\%$

g) $\frac{4}{400} = 1\,\%$ $\qquad$ h) $\frac{35}{3500} = 1\,\%$ $\qquad$ i) $\frac{2,5}{250} = 1\,\%$

j) $\frac{16}{400} = 4\,\%$ $\qquad$ k) $\frac{60}{3500} = 2\,\%$ $\qquad$ l) $\frac{10,5}{250} = 4\,\%$

62 **12** *Woher kommt das Geld auf dem Sparkonto?*

a) ■ geschenkt: $\frac{120}{140} \approx 85{,}7\,\%$

■ Taschengeld: $\frac{25}{140} \approx 17{,}9\,\%$

■ verdient: $\frac{64}{140} \approx 45{,}7\,\%$

Die Summe ist größer als 100 %, weil das Geld auf dem Konto einiger Schüler aus verschiedenen Quellen stammt (Mehrfachnennungen waren möglich).

b) Schüleraktivität.

13 *Einschaltquoten …?*

a) 1. $\frac{9{,}04}{35{,}31} \approx 26\,\%$ 2. $\frac{5{,}31}{35{,}31} \approx 15\,\%$ 3. $\frac{3{,}74}{35{,}31} \approx 11\,\%$ b) $\frac{11{,}57}{31{,}70} \approx 36{,}5\,\%$

4. $\frac{3{,}62}{35{,}31} \approx 10\,\%$ 5. $\frac{3{,}17}{35{,}31} \approx 9\,\%$ c) $\frac{21{,}61}{34{,}91} \approx 61{,}9\,\%$

14 *Abgeordnete im Parlament*

a) / b)

Partei	A	B	C	D
Anzahl	58	60	40	45
Anteil	29 %	30 %	20 %	22 %

c) Die Hunderterprobe ergibt 101 %, weil dreimal knapp aufgerundet wurde. Wenn man das feststellt, sollte man entweder auf halbe Prozent runden oder den am knappsten aufgerundeten Anteil ausnahmsweise abrunden.

	A	B	C	D
	28,5 %	29,5 %	20 %	22 %
oder	29 %	29 %	20 %	22 %

63 **15** *Verpackungsgewicht*

a) Creme: $210 : 325 \approx 64{,}6\,\%$ Kosmetik: $95 : 129 \approx 73{,}6\,\%$

b) Schüleraktivität.

(Wenn das Verpackungsgewicht nicht angegeben ist, kann man volle Tüten, Flaschen, … wiegen und das angegebene Füllgewicht subtrahieren.)

16 *Preissenkungen und Preiserhöhungen*

a) $\frac{195}{695} = 32{,}5\,\%$ $\frac{1350}{18\,350} \approx 7{,}5\,\%$ b) $\frac{0{,}15}{1{,}51} \approx 9{,}9\,\%$ $\frac{87}{412} \approx 21{,}1\,\%$

17 *Sommerschlussverkauf*

Hosen: $89 \cdot \frac{30}{100} = 89 \cdot 0{,}3 = 26{,}7$ $89 - 26{,}7 = 62{,}3$ ⎫
        $89 \cdot \frac{40}{100} = 89 \cdot 0{,}4 = 35{,}6$ $89 - 35{,}6 = 53{,}4$ ⎬ nicht richtig

Gürtel: $8{,}99 \cdot \frac{30}{100} = 8{,}99 \cdot 0{,}3 = 2{,}70$ $8{,}99 - 2{,}70 = 6{,}29$ ⎫
        $8{,}99 \cdot \frac{40}{100} = 8{,}99 \cdot 0{,}4 = 3{,}60$ $8{,}99 - 3{,}60 = 5{,}39$ ⎬ richtig

Hemd: $49{,}80 \cdot \frac{30}{100} = 49{,}80 \cdot 0{,}3 = 14{,}94$ $49{,}80 - 14{,}94 = 34{,}86$ ⎫
        $49{,}80 \cdot \frac{40}{100} = 49{,}80 \cdot 0{,}4 = 19{,}92$ $49{,}80 - 19{,}92 = 29{,}88$ ⎬ richtig

Anzug: $399 \cdot \frac{30}{100} = 399 \cdot 0{,}3 = 119{,}70$ $399 - 119{,}7 = 279{,}30$ ⎫
        $399 \cdot \frac{40}{100} = 399 \cdot 0{,}4 = 159{,}60$ $399 - 159{,}6 = 239{,}40$ ⎬ richtig

63 **17** Bluse: $29,95 \cdot \frac{30}{100} = 29,95 \cdot 0,3 = 8,99$ $29,95 - 8,99 = 20,86$ ⎫

$29,95 \cdot \frac{40}{100} = 29,95 \cdot 0,4 = 11,98$ $29,95 - 11,98 = 17,97$ ⎭ richtig

Kleid: $159 \cdot \frac{30}{100} = 159 \cdot 0,3 = 47,70$ $159 - 47,7 = 111,3$ ⎫

$159 \cdot \frac{40}{100} = 159 \cdot 0,4 = 63,60$ $159 - 63,6 = 95,4$ ⎭ nicht richtig

T-Shirt: $19,98 \cdot \frac{30}{100} = 19,98 \cdot 0,3 = 5,99$ $19,98 - 5,99 = 13,99$ ⎫

$19,98 \cdot \frac{40}{100} = 19,98 \cdot 0,4 = 7,99$ $19,98 - 7,99 = 11,99$ ⎭ nicht richtig

Socken: $2,50 \cdot \frac{30}{100} = 2,50 \cdot 0,3 = 0,75$ $2,50 - 0,75 = 1,75$ ⎫

$2,50 \cdot \frac{40}{100} = 2,50 \cdot 0,4 = 1$ $2,50 - 1 = 1,50$ ⎭ richtig

Kopfübungen

1. $\frac{1}{4} - \frac{1}{6} = \frac{3}{12} - \frac{2}{12} = \frac{1}{12}$
2. 5 Längeneinheiten
3. $12 - 4 \cdot 3 = 0$
4. kleinste Flügelspannweite: 1,8 cm   größte Flügelspannweite: 18 cm
5. a) 0   b) –   c) 0   d) 0   e) 1
6. ③ 11,5 cm
7. 42,5 kg

64 **18** *Bevölkerungswachstum*

a) Deutschland: $-\frac{166}{81\,472} \approx -0,20\,\%$ USA: $\frac{2255}{311\,592} \approx 0,72\,\%$

Indien: $\frac{15\,901}{1\,189\,173} \approx 1,34\,\%$ Nigeria: $\frac{4301}{165\,823} \approx 2,59\,\%$

b)/c) Schüleraktivität.

19 *Pupille bei Tag und Nacht*

Alter	prozentualer Größenunterschied
20	$4,3 : 4,7 \approx 91\,\%$
30	$2,7 : 4,3 \approx 63\,\%$
40	$2,1 : 3,9 \approx 54\,\%$
50	$1,5 : 3,5 \approx 43\,\%$
60	$1,0 : 3,1 \approx 32\,\%$
70	$0,5 : 2,7 \approx 19\,\%$
80	$0,2 : 2,3 \approx \ 9\,\%$

Der Pupillendurchmesser nimmt im Laufe des Lebens sowohl bei Tag als auch bei Nacht deutlich ab. Nachts ist der Effekt jedoch wesentlich stärker, sodass der Unterschied zwischen Nacht- und Tagdurchmesser immer geringer wird: Ältere Menschen sehen besonders in der Dunkelheit immer schlechter.

20 *Promille für kleine Anteile*

a) $6000\,\text{ml} \cdot 0,001 = 6\,\text{ml}$

b) 15 von 5000: $\frac{15}{5000} = 0,003 = 3\,‰$

0,35 %: $0,35\,\% = 0,0035 = 3,5\,‰$

7 von 3500: $\frac{7}{3500} = 0,002 = 2\,‰$

c) Die Prämie entspricht 5 ‰ der Versicherungssumme.

64 **21** *Wie rein ist Goldschmuck?*
a) 377 ‰
b) gängige Werte:

| 333 ‰ | 585 ‰ | 750 ‰ | 915 ‰ |
| 33,3 % | 58,5 % | 75 % | 91,5 % |

22 *Winzige Anteile bei Giftstoffen*
a) 12 mg von 50 000 000 mg $\triangleq$ 240 ppb   Der Wert ist stark überhöht.

2.2 Grundwert – Prozentsatz – Prozentwert

65 **1** *Westeuropa verliert an Gewicht*

Jahr	Westeuropäer in Mio.	Anteil der Westeuropäer in %
1950	306	12 %
1975	368	9 %
2000	389	6,4 %
2025	392	5 %

Die Bevölkerung Westeuropas ist konstant. Die Weltbevölkerung steigt seit 1975 mit kontinuierlicher Steigung an.

2 *Schätzen mit Prozent*
a) 200 $\left(\frac{1}{4}\right)$ b) 1200 $\left(\frac{3}{4}\right)$ c) 61 $\left(\frac{1}{9}\right)$ d) 2200 $\left(\frac{2}{3}\right)$ e) 57 $\left(\frac{1}{11}\right)$

3 *Prozentrechnung im „Bild"*
a) Es handelt sich um einen Dreisatz:

: 35 ↓   35 % sind 175
· 100 ↓   1 % sind   5   175 sind 35 % von 500.
          100 % sind 500

b) : 15 ↓   15 % sind   450
   · 100 ↓   1 % sind   30   450 sind 15 % von 3000.
             100 % sind 3000

67 **4** *„Prozentwert" – Aufgaben*
(1) Frau Reimann: Abgaben: 504,90 €   Auszahlung: 1365,10 €
(2) Der Mensch: 52 kg Wasser; 16 kg Eiweiß; 8 kg Fett; 3,2 kg Mineralstoffe; 0,8 kg Kohlenhydrate
(3) Bundestagswahl:
a) SPD: 9 947 040   mit sinnvoller Genauigkeit   9 950 000
   CDU/CSU: 14 617 824   14 600 000
b) FDP: 6 314 208   6 300 000
   Die Linke: 5 146 512   5 150 000
   Die Grünen: 4 411 296   4 400 000
(4) Schüleraktivität. Die Aufgaben müssen sich stets auf die Form „Wie viel sind a % von b?" bringen lassen.

67 **5** *Überschlagsrechnung*

a) $\frac{1}{8}$ von 500: 62,5

b) $\frac{1}{5}$ von 500: 100

c) $\frac{1}{2}$ von 5600: 2800

d) $\frac{1}{4}$ von 41 200: 10 300

e) $\frac{2}{3}$ von 6090: 4060

f) $\frac{9}{10}$ von 5000: 4500

g) $\frac{3}{20}$ von 25 000: 3750

h) $\frac{1}{20}$ von 4000: 200

i) $\frac{1}{10}$ von 6500: 650

j) $\frac{1}{40}$ von 5000: 125

Natürlich sind auch andere Überschläge möglich. Sie sollten sich im Kopf rechnen lassen und höchstens 5 % vom wahren Wert abweichen.

68 **6** *„Prozentsatz" – Aufgaben*

(1) Schulferien:

    a) Rheinland-Pfalz 2016: 60 Tage   b) ca. 16,4 % des Kalenderjahres

(2) Fernsehwerbung: Spielfilm: 18,5 % Werbung; Fußball: 22,4 % Werbung;
Ulis Vermutung trifft zu.

(3) Schüleraktivität. Die Aufgaben müssen sich stets auf die Form „Wie viel % sind a von b?" bringen lassen.

7 *„Grundwert" – Aufgaben*

(1) Frau Piontek: $p\% = 4\%$ $P = 150\,€$ $G = \frac{100}{p} \cdot P = 3750\,€$

Lohn vor Gehaltserhöhung: 3750 €; Lohn nach Gehaltserhöhung: 3900 €

(2) Fernsehgewohnheiten: $p\% = 3\%$ $P = 8$ $G = \frac{100}{p} \cdot P \approx 267$

Insgesamt wurden vermutlich 267 Personen befragt. (Genau genommen hätte man bei 229 bis 320 befragten Personen stets auf 3 % gerundet.)

(3) Schüleraktivität. Die Aufgaben müssen sich stets auf die Form „a sind b % von wie viel?" bringen lassen.

8 *Erstes Training*

	Überschlag	Ergebnis
a) 12 % von 550	$\approx \frac{1}{8} \cdot 550 \approx 69$	66
27 % von 12 000	$\approx \frac{1}{4} \cdot 12\,000 = 3000$	3240
121 % von 48	$\approx \frac{6}{5} \cdot 48 \approx 60$	58,08
2 % von 5000	$= \frac{1}{50} \cdot 5000 = 100$	100
19 % von 3050	$\approx \frac{1}{5} \cdot 3050 = 610$	579,5
1 % von 16 509	$= \frac{1}{100} \cdot 16\,509 \approx 165$	165,09
105 % von 5000	$= \frac{21}{20} \cdot 5000 = 5250$	5250
32 % von 3000	$\approx \frac{1}{3} \cdot 3000 = 1000$	960
b) 36 ist 45 % von	$\approx 2 \cdot 36 = 72$	80
450 ist 12 % von	$\approx 8 \cdot 450 = 3600$	3750
90 ist 250 % von	$= \frac{2}{5} \cdot 90 = 36$	36
18 ist 5 % von	$= 20 \cdot 18 = 360$	360
940 ist 1 % von	$= 100 \cdot 940 = 94\,000$	94 000
780 ist 32 %	$\approx 3 \cdot 780 = 2340$	2437,5
2 210 ist 26 % von	$\approx 4 \cdot 2210 = 8840$	8500
20 ist 200 %	$= \frac{1}{2} \cdot 20 = 10$	10

68 | **8** | c) 35 von 350 $= \frac{35}{350} = 10\%$ 10%

2,5 von 120 $\approx \frac{2,4}{120} = 2\%$ $\approx 2,08\%$

95 von 100 95% 95%

18 von 28 $\approx \frac{2}{3} = 67\%$ $\approx 64,3\%$

130 von 110 $\approx \frac{13}{11} \approx 13 \cdot 9\% = 117\%$ $\approx 118\%$

0,58 von 2,6 $\approx \frac{3}{5} : \frac{13}{5} = \frac{3}{13} \approx 21\%$ $\approx 22,3\%$

2 540 von 5600 $\approx \frac{50}{100} = 50\%$ $\approx 45,4\%$

2,3 von 1940 $\approx \frac{1,2}{1000} \approx 0,1\%$ $\approx 0,12\%$

9 | *Zweites Training*

G			$\approx 38\,235,3$			375
p%		$\approx 58\%$		$\approx 17,3\%$		
W	15,05				156,8	

69 | **10** | *Verlust und Gewinn*

a) ca. 20% b) 72,5%

11 | *Netto und Brutto*

a) 19% von 16 300 €: 3097 €

Nettopreis: 16 300 €

Mehrwertsteuer: 3097 €

Rechnungsbetrag: 19 397 €

b) 78% von 19 397 €: 15 130 €

c) 16 300 € $\cdot \frac{119}{100} = 19\,397$ €

19 397 € $\cdot \frac{78}{100} = 15\,129$ €

12 | *Aus der Zeitung*

a) 983 b) 761 c) 865 : 1,12 = 772

772 : 1,12 = 689

13 | *Andere Länder andere Sitten*

je nach Aufgabenverständnis

(A) $\$\,6,50 \cdot \frac{122,5}{100} = \$\,7,95$ (B) $\$\,6,50 \cdot \frac{107,5}{100} \cdot \frac{115}{100} = \$\,8,04$

14 | *Skonto*

680 € $\cdot \frac{98}{100} = 666,40$ €

15 | *Steigende Einwohnerzahl*

68 230 $\cdot \frac{109}{100} \approx 74\,370$

70 **16** *Bevölkerungswachstum*

a)

Jahr	Bevölkerung in Mio.	
2012	170	
2013	174,42	↓ · 1,026
2014	178,95	↓ · 1,026
2015	183,6	↓ · 1,026
2016	188,37	
2017	193,27	
2018	198,3	
2019	203,46	
2020	208,75	
2021	214,18	
2022	219,75	
2023	225,46	

b) Schüleraktivität.

17 *Etwas zum Überlegen*
1. falsch: dreimal so viel ≙ Steigerung von 200 %
2. falsch: doppelter Preis ≙ Gewinn von 100 %

18 *Inflation bedeutet: Alle Preise steigen.*

	alter Preis	1,95 €	49,50 €	3 €	28 900 €	798 €
a)	mit 5 % Inflation:	2,05 €	51,98 €	3,15 €	30 345 €	837,90 €
b)	mit 2,5 % Inflation:	2 €	50,74 €	3,08 €	29 622,50 €	817,95 €

19 *Ist das überraschend?*

a) Frau Beier: $36\,500\,€ \cdot \frac{107}{100} = 39\,055\,€$

b) Verkäufer: $36\,500\,€ \cdot \frac{119}{100} \cdot \frac{88}{100} \approx 38\,222,80\,€$

Der Unterschied resultiert aus der Tatsache, dass sich bei der Rechnung des Verkäufers im Zwischenschritt der Grundwert geändert hat.

Kopfübungen

1. $\frac{1}{32}$
2. wahr
3. a) 3 b) 0
4. 90° und 62°
5. a) rechts der Null b) links der Null
6. (2) 1 mm
7. 3 Tage

71 **20** *Steigung in Prozent*

Steigungen sind z. B. beim Überholen für die Fahrzeuge wichtig, da die Beschleunigung deutlich gesenkt wird und der Überholvorgang länger dauert. Gefälle sind vor allem für schwere Fahrzeuge wie Lkws wichtig, da ihre Bremskraft nicht mehr ausreichen kann. Deshalb gibt es bei starkem Gefälle leicht steigende, geschotterte Notabfahrten.
a) 15 m; 8 m; 6 m
b) Schüleraktivität.

71   [21] *Wie ist Ihre Meinung?*

a) $\frac{69}{97} \approx 71\,\%$ b) $850 \cdot \frac{69}{97} \approx 605$

c) Population: Alle Autofahrer, die den Parkplatz benutzen.
Stichprobe: Die befragten Parkplatzbenutzer.

d) Da nur Stichproben befragt werden, kommen immer Schwankungen der Ergebnisse vor.
Da bei der Befragung am Montag 61 % der Befragten den Bus benutzen wollten, würden
ca. 400 von 670 Personen den Bus am Montag benutzen.

2.3 Prozente im Alltag

72   [1] *Auch Kopieren will gelernt sein*

a) $10\,cm \cdot 1,25 = 12,5\,cm$ $4\,cm \cdot 1,25 = 5\,cm$

b) $\frac{10}{12,5} = \frac{4}{5} = 80\,\%$

c) Um eine Vergrößerung um 25 % rückgängig zu machen, muss man lediglich um 20 %
verkleinern, da der Grundwert inzwischen gestiegen ist.

[2] *Stimmt hier alles?*

a) $\frac{30 + 121}{327} \approx 46,1\,\%$ (passend)

$\frac{121}{30 + 121} \approx 80,1\,\%$ (nicht passend)

$\frac{121}{327} \approx 37\,\%$ (grob passend)

b) Schüleraktivität.

c) $\frac{30}{327} = 9,2\,\%$ Die Brücken machen 9,2 % der Gesamtstrecke aus.

74   [3] *Sprache und Prozente*

Bruchteil	$\frac{1}{2}$	0,75	$\frac{2}{5}$	$\frac{1}{100}$	$\frac{1}{6}$	$\frac{3}{5}$
Prozentsatz	50 %	75 %	40 %	1 %	16,7 %	60 %

Bruchteil	$\frac{1}{20}$	$\frac{1}{3}$	0,358	2	$\frac{3}{8}$	1,19
Prozentsatz	5 %	$33,\overline{3}\,\%$	35,8 %	200 %	37,5 %	119 %

[4] *Hasenfutter*

Bestandteil	proz. Anteil	Winkel
Löwenzahn	12 %	43,2°
Karottenraspeln	30 %	108°
Brotkrümel	15 %	54°
Gerste	5 %	18°
Mais	25 %	90°
Haferflocken	6 %	21,6°
Vit. und Min.	6,4 %	23,04°
Salz	0,6 %	2,16°

Winkel = Prozentzahl · 3,6°

Kreisdiagramm:

74　**5**　*Geschickt Rechnen*

$360 \cdot 1,15 = 414$　(Vertriebspartner)

$68\,343 \cdot \frac{100}{104,5} = 65\,400$　(Lkws im letzten Jahr)

$37,73 \cdot 1,078 = 40,67$　(Aktienkurs diese Woche)

$12\,710 \cdot \frac{100}{102,5} = 12\,400$　(Arbeitslose im Vorjahr)

$190,4 \cdot \frac{100}{112} = 170$　(km^2 Stadtgebiet vor 3 Jahren)

$7451,5 \cdot \frac{100}{94,6} = 7876,8$　(DAX in der Vorwoche)

75　**6**　*Mehrwertsteuer mit Tabellenkalkulation*

a) Es werden $\frac{100}{119}$ des Nettopreises (Zelle B2) berechnet.

b) =C2*19/100 oder =B2–C2 oder =B2·19/119

c) Schüleraktivität.

7　*Rabatt richtig berechnen*

$700\,€ \triangleq 119\,\%$

$700 \cdot \frac{100}{119} = 588,24\,€$

8　*Unglaublich aber wahr*

a) Schnellfahrer:　jeder zehnte $\triangleq 10\,\%$

　　　　　　　　jeder fünfte $\triangleq 20\,\%$ (mehr und $\neq 5\,\%$)

　　Frauen:　　　mehr als $\frac{1}{5} \triangleq$ mehr als $20\,\%$

　　　　　　　　26,5 % sind (höchstwahrscheinlich) mehr

　　Scheidungen:　jede dritte Ehe $\triangleq 33\,\%$

　　　　　　　　jede vierte $\triangleq 25\,\%$ sind weniger

　　Zufriedene:　jeder neunte $\triangleq 11,1\,\% \neq 90,2\,\%$

　　Vereine:　　　$\frac{1}{8} \triangleq 12,5\,\%$, mehr als $9\,\%$

b) Schüleraktivität.

76　**9**　*Eine „unglaubliche" Wassermelone*

a) Das Gewicht wird meist deutlich zu groß geschätzt.

b)

100 %	10 kg	Melone
99 %	9,9 kg	flüssig
1 %	0,1 kg	fest

0,1 kg	2 %	fest
5 kg	100 %	Melone
4,9 kg	98 %	flüssig

Was vorher 1 % war (nämlich das Feste), sind jetzt 2 %. Demnach ist das Ganze jetzt die Hälfte: $10\,kg \cdot \frac{1}{2} = 5\,kg$.

c) Es verblüfft, dass eine Änderung von nur 1 % eine Halbierung (des Gewichts) zufolge haben soll. Der Effekt hängt damit zusammen, dass die Anteile dessen angegeben wurden, was sich geändert hat; nicht die Anteile dessen, was geblieben ist.

10　*„Schwere" Pilze*

Was vorher 5 % ausmachte (das Feste), macht jetzt 20 % aus. Demnach ist das Gesamtgewicht auf $\frac{1}{4}$ reduziert: $120\,kg : 4 = 30\,kg$

11　*Geburtstagsparty*

Mädchen: $3 \cdot \frac{100}{20} = 15$　　　　　Anwesende: $3 \cdot \frac{100}{12,5} = 24$

Es sind 9 Jungen auf der Fete.

76 **12** *Haushalte in Deutschland*

In 100 Haushalten leben durchschnittlich

$40{,}4 \cdot 1 + 34{,}3 \cdot 2 + 12{,}6 \cdot 3 + 9{,}4 \cdot 4 + 3{,}4 \cdot 5 = 201{,}4 \approx 201$ Personen.

$\frac{40{,}4}{201{,}4} \approx 20\,\%$ der Deutschen lebten also 2011 allein.

(Tatsächlich ist der Anteil noch etwas geringer, da einzelne Haushalte mit mindestens 6 Personen existieren.)

13 *Ausstellung*

a) $1200\,m^2 \cdot \frac{4}{100} = 48\,m^2$

b) $48\,m^2 \cdot \frac{25}{100} = 12\,m^2$

c) Mietfläche: $1200\,m^2 \cdot \frac{3}{100} = 36\,m^2$

davon Computer: $\frac{12}{36} = \frac{1}{3} = 33{,}\overline{3}\,\%$

14 *Sonnenbrillen*

Martin hat gedacht zweimal 50 % Minderung wäre dasselbe wie einmal 100 % – aber so einfach ist das bei Prozenten ja nicht.

$\frac{50}{100} \cdot \frac{50}{100} = \frac{1}{2} \cdot \frac{1}{2} = \frac{1}{4} = \frac{25}{100} = 25\,\%$

77 **15** *„Geld kostet Geld"*

a) 448 €   b) 224 €

16 *Kapital, Zinssatz, Zinsen*

Kapital K	3500 €	800 €	1200 €	450 €
Zinssatz p %	16 %	3,5 %	8 %	150 %
Zinsen	560 €	28 €	96 €	675 €

78 **17** *Darlehen*

$225\,000\,€ \cdot 0{,}042 = 9450\,€$

Sie bezahlen jährlich 9450 € an die Bank, damit sich der Schuldenstand nicht verändert.

18 *Wachstum des Kapitals*

a) $47\,550\,€ \cdot 1{,}03 = 48\,976{,}50\,€$

b) $37\,500\,€ \cdot 1{,}037 = 38\,887{,}50\,€$

19 *Schulden können schnell wachsen*

Heute	Nach 1 Jahr	Nach 2 Jahren	Nach 3 Jahren	Nach 4 Jahren	Nach 5 Jahren
35 000 €	38 150 €	41 583,50 €	45 326,02 €	49 405,36 €	53 851,84 €

20 *Tageszinsen*

a) Jahreszinsen: $2400\,€ \cdot \frac{16}{100} = 384\,€$

Tageszinsen: $384\,€ : 360 = \frac{16}{15}\,€ = 1{,}07\,€$

b) $\frac{16}{15} \cdot 28 = 29{,}87\,€$

78 Kopfübungen

1. $\frac{3}{5} < \frac{5}{3} < 3,5 < 5,3$

2. Fünfeck-Pyramide: 6 Flächen, 6 Ecken, 10 Kanten

3. a) 501   b) 12   c) 3

4. 7500 kg

5. −900

6. 60 %

7. 12 Tage

79

21 *Kinopreise*

Es müssen $\frac{5}{4}$ der früheren Besucher kommen, da 5 Besucher jetzt so viel Eintritt zahlen wie vorher 4. Das entspricht einer Steigerung der Besucherzahl um 25 %.

22 *Eiskugeln*

	vorher		nachher	
Kugeln	100 %	x	100 %	x − 1
Schokolade	50 %	$\frac{x}{2}$	60 %	$\frac{x}{2}$
anderes	50 %	$\frac{x}{2}$	40 %	$\frac{x}{2} - 1$

$\frac{x}{2} - 1 = 0,4\,(x - 1) = 0,4x - 0,4$

$0,1x = 0,6$

$x = 6$

oder

vorher:

Schokolade	Anderes
50 %	50 %

nachher:

Schokolade	Anderes
60 %	40 %

Das neue Ganze ist $\frac{1}{2} \cdot \frac{5}{3} = \frac{5}{6}$ des alten Ganzen.

Die gegessene Kugel war $\frac{1}{6}$ des Ganzen, also hatte Nico zu Anfang 6 Kugeln.

23 *Abnehmen bei den Dicksons*

Mann: 106,4 kg; Abnahme von 11,3 %

Frau: ursprünglich 83,7 kg; zwischendurch 67 kg; Abnahme von 10,4 %

Kneipenbesitzer: vorher: 97,2 kg; danach: 77,6 kg; Abnahme von 20,2 %

24 *Rampen erleichtern das Leben*

a) So sehen die Rampen alle gleich aus, maßstabsgetreu wären sie alle entweder unterschiedlich hoch oder unterschiedlich lang.

$\frac{40}{500} = 8\,\%$ $\frac{40}{800} = 5\,\%$ $\frac{15}{300} = 5\,\%$

$\frac{1}{20} = 5\,\%$ $\frac{50}{600} \approx 8,3\,\%$ $\frac{25}{200} = 12,5\,\%$

Die 1., 4. und 5. Rampe erfüllen die Bestimmungen nicht.

b) $\alpha\ (= \arctan 0,06) \approx 3°$

c) $0,06 \cdot 4\,m = 0,24\,m = 24\,cm$

Kapitel 3
Abbildungen und Symmetrie

Didaktische Hinweise

In diesem Kapitel erfolgt ein Zugang zur Kongruenzgeometrie über die entsprechenden Abbildungen. Die Achsenspiegelung, die Drehung und die Verschiebung wurden bereits im Band 6 propädeutisch im Zusammenhang mit den entsprechenden Symmetrien eingeführt. Hier geht es um eine Weiterführung und erste Systematisierung der erworbenen Kenntnisse in Verbindung mit eigenem Experimentieren und Erforschen neuer Zusammenhänge. Wichtige Eigenschaften und Fixelemente der Kongruenzabbildungen werden herausgestellt und bei Begründungen und Anwendungen genutzt. Schließlich werden die Beziehungen zwischen den verschiedenen Kongruenzabbildungen und deren Verkettung thematisiert. Drehung und Verschiebung werden auf die Verkettung von zwei Achsenspiegelungen zurückgeführt. Mit der Untersuchung der Symmetrie von Vielecken (insbesondere Vierecke) finden die Abbildungen eine Anwendung, gleichzeitig werden wichtige Grundlagen für spätere Geometriekapitel bereitgestellt.

Der kurze Lernabschnitt **3.1** *Symmetrie* bildet die Brücke von den in den Klassen 5/6 erworbenen Einsichten zu der intensiveren Behandlung der Kongruenzabbildungen in den folgenden Lernabschnitten. Hier werden die Schülerinnen und Schüler sowohl über das eigene Konstruieren als auch über das Analysieren symmetrischer Figuren zu geometrischen Tätigkeiten und zum Erleben ästhetischer Phänomene angeregt.

Der Lernabschnitt **3.2** *Achsenspiegelung* ist der umfangreichste in diesem Kapitel, dies entspricht seiner Bedeutung für die Lernenden.
Über eigene geometrische Aktivitäten (Konstruieren mit Geodreieck, Zirkel und Lineal) werden die Eigenschaften der Achsenspiegelung erfahren und im Kasten zusammengestellt. Diese Eigenschaften werden dann zum eigenständigen Argumentieren und Begründen genutzt. Im Zusammenhang mit der Darstellung von Achsenspiegelungen im Koordinatensystem (Übung 9) kann hier ein Dynamisches Geometriesystem besonders sinnvoll eingesetzt werden.

Der Aufbau des Lernabschnitts **3.3** *Drehung* erfolgt analog zu dem der Achsenspiegelung. In den Übungen und Anwendungen werden erste Gemeinsamkeiten und auch Unterschiede zwischen den beiden Kongruenzabbildungen erkannt und formuliert. Die Punktspiegelung wird als Spezialfall einer Drehung um 180° in der zweiten grünen Ebene thematisiert. Das Projekt über Karusselle führt abschließend zu eigenständigen und kreativen Experimenten im Zusammenhang mit Drehsymmetrien.

Auch im Lernabschnitt **3.4** *Verschiebung* begegnet der Lernende wieder dem gleichen Aufbau „Konstruktion – Eigenschaften – Symmetrien" bei dieser weiteren Kongruenzabbildung, im Sinne des kumulativen Lernens erweist sich der Abbildungsgedanke als tragfähige Leitlinie. Die Verschiebungssymmetrie wird als solche nicht definiert, aber intensiv beim Herstellen und Ausgestalten von Bandornamenten (Zeichenprogramme auf dem Computer) erfahren.

In **3.5** *Verkettung* werden Zusammenhänge zwischen den einzelnen Kongruenzabbildungen durch Experimentieren und Analysieren von Eigenschaften entdeckt und begründet. Die Erzeugung von Drehung und Verschiebung durch Hintereinanderausführung von jeweils zwei geeigneten Achsenspiegelungen wird herausgestellt und in Aufgaben sowohl zum entdeckenden Konstruieren als auch zu Begründungsaktivitäten genutzt. Zum Abschluss wird ein interessantes Projekt zum Experimentieren mit einem DGS vorgeschlagen.

Der letzte Lernabschnitt dieses Kapitels **3.6** *Symmetrie bei Vielecken* kehrt wieder zur Symmetrie zurück, diesmal in der speziellen Anwendung auf Vielecke. Dabei werden im Zusammenhang mit besonderen Dreiecken und Vierecken sowohl die Fähigkeiten zum Definieren und Klassifizieren als auch zum schlussfolgernden Denken (Ableitung von Eigenschaften spezieller Vierecke aus den Symmetrieeigenschaften) gefördert. Auf die in diesem Kapitel festgehaltenen Kästen zum Basiswissen (besondere Dreiecke, Kennzeichnung von Vierecken mithilfe von Längen, Beziehungen der Seiten und Winkel, Kennzeichnung von Vierecken mithilfe der Anzahl und Lage der Symmetrieachsen, Steckbriefe für besondere Vierecke) wird in späteren Kapiteln zur Geometrie immer wieder zurückgegriffen.

Lösungen

3.1 Symmetrie

86 (1) *Ganz schön regelmäßig*
- Escher-Bild: Verschiebung
- Teppich: Verschiebung im Rand, Achsen- und Punktspiegelung im Mittelstück
- „Windrose": Drehung, Punktspiegelung
- Apfelmännchen: Achsenspiegelung

87 (2) *Symmetrien im Alphabet*
a) Achsensymmetrisch: A, B, C, D, E, H, I, K, M, O, T, U, V, W, X, Y
b) H hat sowohl eine senkrechte als auch eine waagerechte Symmetrieachse und ist damit zusätzlich punktsymmetrisch. Weitere Buchstaben mit dieser Eigenschaft: O, I, X
c) Punktsymmetrisch (und nicht achsensymmetrisch): N, S, Z

(3) *Verrückte Portraits mit dem Handy*
a) Schüleraktivität.
b) Links ist das Original, beim Bild in der Mitte wurde die rechte Gesichtshälfte genommen und gespiegelt, beim rechten Bild die linke. An den Unterschieden der drei Bilder sieht man, dass Gesichter nicht symmetrisch sind.

(4) *Ein Parkett durch Verschiebung*

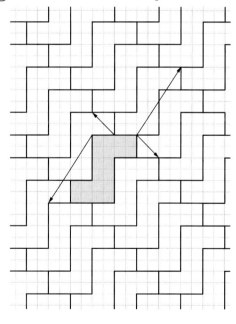

89 **5** *Auf der Suche nach Symmetrien*
a) achsensymmetrisch: (1), (2), (3)
drehsymmetrisch: (1), (3)
verschiebungssymmetrisch: (5)
„gar nichts": (4)
b) (1) 4 (2) 1 (3) unendlich viele
c) (1) 90° und Vielfache davon (3) Jeder beliebige Winkel

6 *Teller mit Schönheitsfehler*
a) Fehler im Rand, die weiße „Schlange" ist falschrum, etwa auf „11 Uhr Position".
b) 40°

7 *Bandornamente fortsetzen*
Schüleraktivität.

90 **8** *Herstellen einer Bandornaments*
Die Figur ist spiegelsymmetrisch und das Ornament besteht aus Verschiebungen dieser.

9 *Aus einem Einstellungstest*
■ spiegeln: a), b), c)
■ verschieben: a), c)
■ drehen: a), b), c), e), f)
■ „gar nichts": d)

10 *Symmetrie und Farbe*
Beispiele:

a)

b)

c)

d)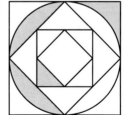

91 **11** *Malteserkreuz und DGS*
Schüleraktivität. Diese Übung eignet sich zum Entdecken von DGS.

3.2 Achsenspiegelung

92

1 *Original – Fälschung*
(1) Ein Fisch zu viel.
(2) Fisch ist verkleinert.
(3) Fisch ist verschoben und etwas gedreht.
(4) Fisch ist verschoben.
(5) Fisch ist verschoben und vergrößert.

2 *Fehlerhafte Spiegelung*

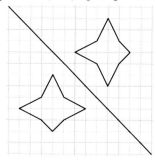
oder
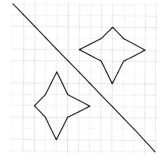

3 *Schritt für Schritt*

a)
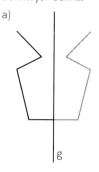

b)

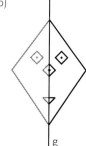

94

4 *Training*

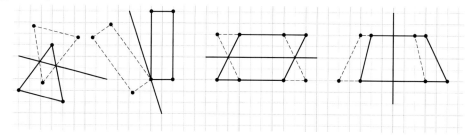

94

5 *Training mit Koordinaten*
a) A′(1|14), B′(9|12), C′(5|8)
b) A′(1|6), B′(9|4), C′(5|0)
c) A′(13|2), B′(5|4), C′(9|8)
d) ≈ A′(2|8,5), B′(9|4), ≈ C′(4|1,5)

6 *Spiegelachsen gesucht*
a)

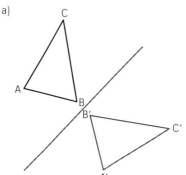

b) Hier liegt eine Verschiebung und keine Spiegelung vor.
c) Hier liegt ebenfalls keine Spiegelung vor, die Benennung der Punkte passt nicht zusammen.

7 *Quadrate und Rechtecke mit DGS*
Quadrat:

a) 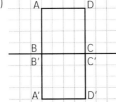 b) 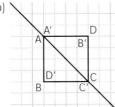 c)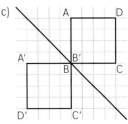

Rechteck:

a) 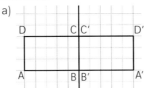 b) 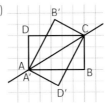 c)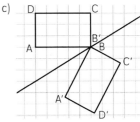

94 8 *Umlaufsinn*

a) Konstruktionsbeschreibung siehe Basiswissen auf Seite 93.

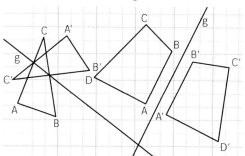

b) Hilfsmittel zur Kontrolle: Spiegel auf die Spiegelachse stellen oder Figur auf Folie zeichnen (mit Spiegelachse), dann die Folie umdrehen und wieder auf das Heft Achse auf Achse legen.

c) Die Bezeichnung der Eckpunkte wird in der Regel gegen den Uhrzeigersinn abgetragen. Bei der gespiegelten Figur ist die Reihenfolge genau andersrum, mit dem Uhrzeigersin.

95 9 *Spiegeln im Koordinatensystem*

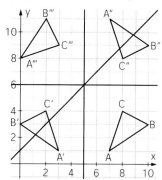

Man kann die Bildpunkte vorhersagen, da die Abstände der Punkte und Bildpunkte zur Spiegelachse gleich sind.

10 *Seltsame Zeichen*

æ ▽ 88 ⊕ OГО

96 11 *In Bolivien gehen die Uhren anders*

Die Uhr wurde zur Achse zwischen 12 und 6 Uhr gespiegelt. Deswegen laufen die Zeiger links herum, denn der Umlaufsinn ändert sich bei der Achsenspiegelung. Uhrzeit: 12.17 Uhr

12 *Voraussage*

Die Nautilusschnecke bleibt gleich groß (Eigenschaft 1) nur dreht sie sich im Spiegel genau anders herum (Eigenschaft 3).

13 *Sehr theoretisch*

a′, b′ sind senkrecht zueinander, c′, d′ sind parallel zueinander.
Dies folgt aus der Eigenschaft: Winkel und Bildwinkel sind gleich groß.

96 **14** *Spiegeln möglich*

Das gelbe Dreieck ist durch Spiegelung an einer Achse durch den Punkt C aus dem blauen hervorgegangen.

Das rote Dreieck ist zwar von der Form her eie Spiegelung, hat aber den falschen Umlaufsinn.

Das grüne Dreieck ist durch keine Achsenspiegelung entstanden.

15 *Geraden systematisch spiegeln*

Es geht immer. h∥k: g auf halbem Abstand dazwischen

h⊥k oder h schneidet k beliebig: g als Winkelhalbierende

16 *Aus einem Bewerbungstest*

a) nein, Verschiebung

b) ja

c) ja

d) nein, Strecken und Bildstrecken nicht gleich groß

97 **Projekt**

a) Konstruktionsbeschreibung:

1. Zeichne die Senkrechte zur Spiegelgeraden g durch C.
2. Markiere den Schnittpunkt Spiegelgerade g – Senkrechte.
3. Zeichne um diesen Schnittpunkt einen Kreis mit dem Radius Schnittpunkt – C.
4. Der Bildpunkt C' ergibt sich als Schnittpunkt Kreis – Senkrechte.
5. Wiederhole dies für A und B und verbinde die entstandenen Bildpunkte A', B' und C' zum Dreieck A'B'C'.

b), c), d) Schüleraktivität.

3.3 Drehung

98 **1** *Mandalas*

Die Grundfigur wird immer um 20° gedreht. Dies macht man, indem man markante Punkte der Grundfigur wählt, durch diese Kreise um den Mittelpunkt des Mandalas zeichnet; dann entlang dieser Kreise die einzelnen markanten Punkte um 20° dreht und dann die Eckpunkte der blauen Figur jeweils verbindet, bzw. um den jeweils gedrehten schwarzen Punkt den grünen Kreis zeichnet.

2 *Die Erde dreht sich*

Das Sternbild hat sich in den drei Stunden 45° um den Punkt P gedreht.

100 **3** *Drehen im Koordinatensystem*

a) P'(3,73|6,01)

b) P'(4,39|3,75)

c) P'(3|7,95)

d) P'(0,45|0,45)

100 〔4〕 *Figuren drehen*

a)

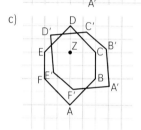

b)

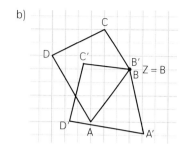

c)

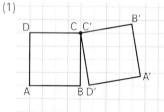

Der Umlaufsinn bleibt erhalten.

〔5〕 *Auf der Suche nach dem Original*
Anmerkung zur ersten Auflage: Der Punkt Z ist im Text und in der Grafik unterschiedlich.
Die Lösungen beziehen sich auf die Grafik, also $Z(5|4)$.
a) $A(2|8)$; $B(2,5|5)$; $C(5|7)$
b) $A''(8|0)$; $B''(7,5|3)$; $C''(5|1)$

〔6〕 *Quadrate drehen*

(1)

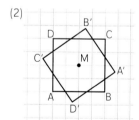

(2)

Bei 90°, 180°, 270°, 360° liegt das Bild wieder auf dem Original. Längen und Winkel ändern
sich nicht.

101 〔7〕 *Ein Vergleich*
Anmerkung zur ersten Auflage: Diese Aufgabe war dort mit 8 beziffert.
a) Die Aussagen über Strecken und Winkel gelten auch. Der Umlaufsinn ändert sich bei
   einer Drehung aber nicht.
b) Die Geraden müssen durch das Drehzentrum gehen. Der Drehwinkel ist 180°.

〔8〕 *Geschicktes Vorgehen*
Anmerkung zur ersten Auflage: Diese Aufgabe war dort mit 9 beziffert.
Die Winkelgrößen und Seitenlängen ändern sich bei einer Drehung nicht.

101

9 *Drehung, ja oder nein?*
a) Ja: Dreieck ist gleichseitig. Z. B. Drehung um 60° um den linken gemeinsamen Punkt der Dreiecke oder um den Mittelpunkt der gemeinsamen Seite um 180°.
b) Nein: Es ist eine Achsenspiegelung. Der Umlaufsinn hat sich geändert.
c) Ja: Die Winkel, die Seitenlängen und der Umlaufsinn bleiben erhalten. Drehzentrum ist der gemeinsame Punkt der Dreiecke. Der Drehwinkel ist 90°.
d) Nein: Die Seitenlängen haben sich verändert.

10 *Gleiche Drehwinkel, aber verschiedene Zentren*
Schüleraktivität.

102

11 *Welche Figur wird „Drehsieger"?*
Anmerkung zur ersten Auflage: Diese Aufgabe war dort mit 7 beziffert.
(1) um 120°, 240°, 360°
(2) um jede Gradzahl; Drehsieger
(3) um 180°, 360°
(4) um 72°, 144°, 216°, 288°, 360°

12 *Bleiben Eigenschaften erhalten?*
Anmerkung zur ersten Auflage: Diese Aufgabe war dort mit 8 beziffert.
Der Mittelpunkt M' liegt wiederum mittig zwischen A' und B', da Streckenlängen bei einer Drehung erhalten bleiben.

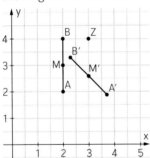

13 *Kreis und Drehung*
Anmerkung zur ersten Auflage: Diese Aufgabe war dort mit 9 beziffert.
a) Drehe den Mittelpunkt M des Kreises um Z. Da Längen erhalten bleiben, zeichne einen Kreis um M' mit dem Radius 4 cm.
b) Der Kreis wird auf sich selbst abgebildet, da M der Fixpunkt der Drehung ist.

14 *Ein kleines Rätsel*
Anmerkung zur ersten Auflage: Diese Aufgabe war dort mit 10 beziffert.
Das Drehzentrum liegt in der Mitte der Strecke.

Kopfübungen

1. 35 %, $\frac{35}{100}$, $\frac{7}{20}$
2. 8 Winkel der Größe 105° und 8 der Größe 75°
3. a) $\frac{3}{8}$ b) 2
4. dm², m², a, ha
5. a) 7   b) 4   c) −2   d) −5
6. 90 min
7. (A) und (C)

103   **15** *Wie findet man das Drehzentrum? – Mathematik ohne Worte*
Anmerkung zur ersten Auflage: Diese Aufgabe war dort mit 11 beziffert.
a) Schüleraktivität.
b) Schüleraktivität.
c) Z(6|2)

16 *Punktspiegelung*
Anmerkung zur ersten Auflage: Diese Aufgabe war dort mit 12 beziffert.
a) Schüleraktivität.
b) Eigenschaften der Punktspiegelung:
  - Strecken und Bildstrecken sind gleich lang.
  - Winkel und Bildwinkel sind gleich groß.
  - Der Umlaufsinn von Figuren und Bildfiguren ist gleich.
  - Das Spiegelzentrum wird auf sich selbst abgebildet.
c) ▪ Geraden durch das Spiegelzentrum sind Fixgeraden.
  - Es gibt keine Fixpunktgeraden.

17 *Punktsymmetrie*
Anmerkung zur ersten Auflage: Diese Aufgabe war dort mit 13 beziffert.

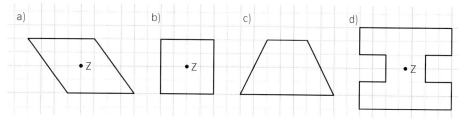

a), b) und d) sind punktsymmetrisch.

104   **Projekt**
Mit diesem Projekt wird es möglich, Drehungen von ebenen Figuren in dem ansprechenden und kindgerechten Kontext des Karussells mit DGS zu erzeugen und deren Bahnen zu untersuchen. Zuerst wird das Augenmerk auf der Erstellung der zu drehenden Ausgangsfiguren liegen. Es könnte je nach Lerngruppe sinnvoll sein, zunächst die beiden Vorschläge „Rakete" und „Segelboot" nachzukonstruieren bevor eigene Entwürfe in Angriff genommen werden. Die Schülerinnen und Schüler können mit dem Hilfsmittel Vieleck und dem Einsatz von Kreisen ihrer Kreativität freien Lauf lassen. So lassen sich z.B. vereinfachte Kamele, Lkw, Pferde und Kutschen erzeugen. Mit der Zoom-Funktion in DGS kann man sich anschließend einen Überblick über die Zeichenebene verschaffen und das Drehzentrum geschickt wählen. Der Schieberegler wird nun als sinnvolles Hilfsmittel eingesetzt, um verschiedene Drehungen ein und desselben Objekts mit einem sich verändernden Winkel α zu erzeugen. Um besonders schöne Eindrücke zu gewinnen, lohnt es sich am Ende, Koordinatengitter und Achsen auszublenden.

3.4 Verschiebung

105   **1** *Bandornamente sind weit verbreitet.*
a) Sie bestehen aus in gewissen Abständen sich wiederholenden/verschobenen Teilfiguren.
b) Kirchen, Tempel, Museen, Gebäude, ...
c) Zwei nebeneinander anzubringende Tapetenbahnen müssen um 48 cm versetzt/verschoben angeklebt werden.

105 **2** *Lebhaftes Papier*
a) Indem sie z. B. kariertes Papier unterlegt und die „Kästchen"-Verschiebung nach rechts bzw. oben/unten abzählt.
b) Indem sie die „Figur" mehrmals hintereinander zeichnet, zeilenweise und spaltenweise.
c) Schüleraktivität.

106 **3** *Verschieben im Koordinatensystem*
A′(0|4); B′(4|5); C′(5|9); D′(2|8)

4 *Verschoben?*
(1) Ja, z. B. $\overline{AA'}$ als Verschiebungspfeil (oder $\overline{BB'}$, $\overline{CC'}$).
(2) Ja, Verbindung zueinander gehöriger Original- und Bildpunkte als Verschiebungspfeil.
(3) Nein, Vergrößerung des Originals.
(4) Nein, Verkleinerung des Originals.
(5) Ja, Verbindung zueinander gehöriger Original- und Bildpunkte als Verschiebungspfeil.
(6) Nein, Bildviereck ist „abgedreht", Bild- und Originalgeraden sind nicht parallel.
(7) Nein, Umlaufsinn nicht identisch.
(8) Nein, Bildwinkel ist größer.

107 **5** *Bildkoordinaten berechnen*
a) A′(6|4), B′(9|5), C′(5|9). Man kann die Punkte berechnen, indem man die Verschiebung nach rechts (links) auf die x-Koordinate des jeweiligen Punktes addiert(subtrahiert) und die Verschiebung nach oben(unten) auf die y-Koordinate addiert(subtrahiert).
b) A′(5|0), B′(8|4), C′(5|5), D′(3|3)

6 *Verschobenes 5-Eck*
Ablesen der Punkte: A(3|1), B(8|5), C(6|7), D(1|6), E(3|4)
A′(13|4), d. h. Verschiebung um 10 nach rechts und 3 nach oben, also sind die anderen Bildpunkte B′(18|8), C(16|10), D(11|9), E(13|7).

7 *Wo steckt der Fehler?*
Birte: D′(2|12) falsch, richtig wäre D′(2|13)
Cara: alles richtig
Dragan: C′(10|4) falsch, richtig wäre C′(9|4)

108 **8** *Ballonfahrt*

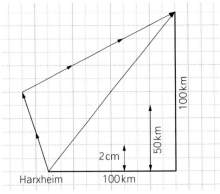

Von Harxheim aus 100 km östlich und 120 km nördlich.

108

9 *Zweimal verschoben*

Zusammen ergibt sich eine Verschiebung um 7 Kästchen nach rechts und 2 Kästchen nach unten.

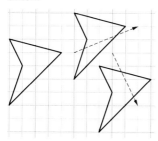

10 *Verschiebungen erzeugen Schrägbilder*

Schüleraktivität. Mit dieser Technik kann man im DGS Schrägbilder erzeugen.

Kopfübungen

1. a) < b) >
2. 10°
3. $s = -3$
4. $10\,000\,\text{dm} = 1\,\text{km}$
5. Zwischen -1 und 0
6. $\frac{1}{32}$
7. $8\frac{1}{4} - 5 = -3$, der Punkt gehört nicht zur Funktion.

3.5 Verkettung

109

1 *Zweimal spiegeln oder geht es einfacher?*
  a) Seiten und Winkel sind überall gleich groß. Das blaue und das grüne Dreieck haben verschiedene, das blaue und rote Dreieck gleichen Umlaufsinn.
  b) Verschiebung
  c) Die Länge des Verschiebungspfeils ist doppelt so groß wie der Abstand der Spiegelachsen g und h.
  d) Schüleraktivität.

2 *Eine Forschungsaufgabe*
  a) Der Umlaufsinn, die Winkel und die Seitenlängen bleiben gleich.
  b) Es handelt sich um eine Drehung um den Schnittpunkt der beiden Geraden. Der Drehwinkel ist doppelt so groß wie der Winkel zwischen den beiden Geraden.

111

3 *Verschieben*

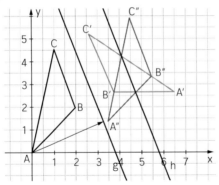

Der Pfeil ist doppelt so lang wie der Abstand von g und h, also ≈ 3,7 cm.

4 *Gesucht: Drehzentrum, Drehwinkel*

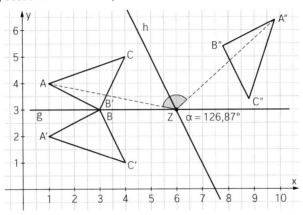

Das Drehzentrum ist der Schnittpunkt der beiden Geraden.
Der Drehwinkel ist 126,87° groß.

5 *Spiegelachsen auf den Dreiecksseiten*
$Z = C$; $\alpha = 90°$

6 *Eine Frage der Reihenfolge*
a) Es handelt sich um eine Drehung um Z
um 180°.
b) Die Drehung verläuft einmal im mathe-
matisch positiven, einmal im mathe-
matisch negativen Sinn, wenn man die
Reihenfolge vertauscht.

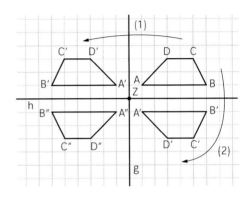

111 〔7〕 *Verschiebungspfeil und Reihenfolge*

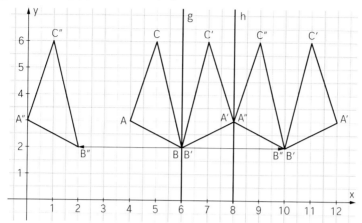

Die Verschiebungspfeile sind gleich lang, aber entgegengesetzt orientiert.

〔8〕 *Nochmals Reihenfolge*
Die Reihenfolge spielt im Falle sich beliebig schneidender Geraden eine Rolle.
Das Drehzentrum bleibt gleich, aber der Drehwinkel ändert sich. Die beiden Drehwinkel
ergeben zusammen 360°.

112 〔9〕 *Auf der Suche nach den Achsen*
Anmerkung an die erste Auflage: Die Geraden g und h entsprechen den Geraden e und f
im Bild.
a) Schüleraktivität.
b) Es funktioniert in jedem Fall. Ist e links von der blauen Fahne, so ist die gelbe Fahne
auch links davon und die Verschiebung zur roten vergrößert sich. Wenn f rechts von der
roten Fahne ist, befindet sich die rote links (bzw. überlappend) von der gelben.
c) Wenn e und f einen festen Abstand zueinander haben und zusammen verschoben
werden, bewegt sich nur das „Zwischenprodukt", also im Bild die gelbe Fahne.

〔10〕 *Diskussion*
(1) Schüleraktivität.
(2) Die Achsen müssen einen Winkel von 40° einschließen.
(3) Wenn eine Drehung durch zwei Achsenspiegelungen dargestellt werden soll, müssen
die Achsen durch das Drehzentrum verlaufen und einen Winkel einschließen, der halb
so groß ist, wie der der Drehung.

〔11〕 *Argumentieren*
a) Da bei 3 Spiegelungen der Umlaufsinn dreimal umgekehrt wird, ist der Umlaufsinn der
Endfigur anders als der Umlaufsinn der Grundfigur. Bei einer Drehung bleibt der Umlaufsinn aber erhalten.
b) Der Schnittpunkt der Spiegelachsen ist der einzige Fixpunkt der beiden Spiegelungen.
Da eine Drehung durch 2 Spiegelungen ersetzt werden kann und eine Drehung nur
einen Fixpunkt hat, muss dieser der Schnittpunkt sein.
c) Eine Verschiebung kann durch 2 Achsenspiegelungen ersetzt werden, wobei die Achsen
orthogonal zum Verschiebungspfeil sind. Da die zum Pfeil parallele Gerade orthogonal
zu den Achsen ist und sie somit eine Fixgerade der Achsenspiegelung ist, ist sie auch
eine Fixgerade der Verschiebung.

113 **12** *Beweisen und Begründen*

Da bei der Achsenspiegelung Längen erhalten bleiben, ist a' so lang wie a und b' so lang wie b, also a' = a und b' = b.

Für den Verschiebungspfeil $\overline{PP''}$ gilt:

$\overline{PP''} = a' + a + b + b' = 2a + 2b = 2(a + b) = 2d$.

Damit sind wir fertig.

Kopfübungen

Anmerkung zur ersten Auflage: Die Nummerierung stimmt nicht.

1. a) 0,2   b) 0,15
2. Die Punkte treffen sich alle drei in einem Punkt. Es entsteht das Rechteck, das gestrichelt angedeutet ist.
3. p = 0,25
4. 905 ml
5. −0,5
6. Weiße Bonbons: $\frac{15}{40} = \frac{3}{8}$, Rote Bonbons: $\frac{25}{40} = \frac{5}{8}$
7. Z. B. y = 2x + 10

114 **Projekt**

(A) Durch zwei Achsenspiegelungen bzw. eine Drehung.

(B) **Anmerkung zur ersten Auflage:** B″ und D″ müssten vertauscht sein, damit die beiden Figuren überhaupt aufeinander abgebildet werden können.

Unterschiedliche Lösungen sind z. B. zwei Achsenspiegelungen oder eine Drehung.

(C), (D) Schüleraktivität.

3.6 Symmetrie bei Vielecken

115 **1** *Eine „reiche" Fundstelle für Drei- und Vierecke*

a) gleichschenklige, gleichseitige, aber auch rechtwinklige und „gewöhnliche" Dreiecke; Unterscheidung z. B. bzgl. Symmetrie, Eigenschaften, ... (s. Basiswissen)

b) Quadrate, Rechtecke, Parallelogramme; Unterscheidung z. B. bzgl. Symmetrie, Eigenschaften, ... (s. Basiswissen)

2 *Vierecke zuschneiden*

a) Schüleraktivität. Es entsteht eine Raute.

b) Schüleraktivität. Die Schülerinnen und Schüler werden dazu angehalten symmetrische Vierecke zu falten und auszuschneiden. Diese sind beispielsweise Raute, Drachenvierecke und gleichschenklige Trapeze.

c) Die Fragestellung wird aufmerksame Schülerinnen und Schüler zu Diskussionen anregen. Spezielle Parallelogramme wie Quadrate oder Rauten lassen sich nämlich durch Ausschneiden darstellen. Die allgemeine Form eines Parallelogramms kann aber nicht dargestellt werden, da Parallelogramme im Allgemeinen punkt- aber nicht achsensymmetrisch sind.

116 **3** *Zugeschnittene Dreiecke*

a) Gleichschenklige Dreiecke lassen sich entlang der Symmetrieachse so falten, dass die beiden Dreieckshälften genau übereinander liegen.

b) Gleichseitige Dreiecke haben drei Symmetrieachsen. Daher gibt es bei diesen mehrere Faltmöglichkeiten.

117 **4** *Dreiecke erkennen und Symmetrieachsen finden*

a) B und G sind einfach, F und H sogar dreifach achsensymmetrisch.

b)

Dreieck	Bezeichnung	Anzahl der Symmetrieachsen	Eigenschaften
A, C, D, E	„gewöhnliches" Dreieck	0	–
B, G	gleichschenkliges Dreieck	1	2 Seiten sind gleich lang 2 Winkel sind gleich groß
F, H	gleichseitiges Dreieck	3	3 Seiten sind gleich lang 3 Winkel sind gleich groß

c) Schüleraktivität. Die Tabelle in b) sollte als Hilfestellung verwendet werden.

118 **5** *Winkelgrößen in besonderen Dreiecken*

a) Zwei Winkel sind gleich groß.

b) Alle drei Winkel sind gleich, und zwar 60°.

6 *Gleichschenklige Dreiecke konstruieren*

a) 1. $c = \overline{AB}$ zeichnen.
   2. Kreis um A mit Radius b.
   3. Kreis um B mit Radius a = b.
   4. Schnittpunkt der Kreise ist C.
   5. $\overline{AC}$ und $\overline{BC}$ zeichnen.

b) analog a) (mit Basis a, statt c)

c) 1. $c = \overline{AB}$ zeichnen.
   2. β in B antragen.
   3. Kreis um B mit Radius a.
   4. Schnittpunkt des Kreises mit dem freien Schenkel von β ist C.
   5. $\overline{AC}$ zeichnen.

d) 1. $b = \overline{AC}$ zeichnen.
   2. α in A antragen.
   3. Kreis um C mit Radius a.
   4. Schnittpunkt des Kreises mit dem freien Schenkel von α ist B.
   5. $\overline{BC}$ zeichnen.

7 *Gleichseitiges Dreieck*

a) 1. $b = \overline{AC}$ zeichnen.
   2. Kreis um A mit Radius c = b.
   3. Kreis um C mit Radius a = b.
   4. Schnittpunkt der Kreise ist B.
   5. $\overline{AB}$ und $\overline{BC}$ zeichnen.

b) analog zu a) mit $b = \frac{U}{3} = 5{,}5\,\text{cm}$

8 *Regelmäßiges Sechseck*

1. Kreis mit Radius der Seitenlänge des Sechsecks $a = \frac{U}{6} = 5\,\text{cm}$ zeichnen

2. Um beliebigen Punkt auf dem Kreis einen Kreis mit Radius a zeichnen.

3. Um Schnittpunkt des Kreises aus 2 mit dem Ausgangskreis einen Kreis mit Radius a zeichnen.

4. Schritt 3 noch viermal wiederholen, bis es einen mittleren Kreis und sechs Kreise mit Mittelpunkt auf diesem gibt.

5. Schnittpunkte auf dem Kreisbogen des mittleren Kreises mit den äußeren Kreisen verbinden.

118 **9** *Konstruktionen*

a) 1. a = $\overline{AB}$ zeichnen
2. Kreise mit Radius a = b = d um A und B
3. 90° Winkel in A und B abtragen
4. Schnittpunkte der freien Schenkel mit den Kreisen liefern C und D
5. C und D verbinden

b) 1. c = $\overline{CD}$ zeichnen
2. Kreis um C und D mit Radius d = b zeichnen
3. Rechten Winkel in C und D abtragen
4. Schnittpunkt der freien Schenkel der rechten Winkel mit den Kreisen liefern A und B.
5. A und B verbinden

c) 1. c = $\overline{CD}$ = d zeichnen.
2. δ in D antragen.
3. Abtragen von d = c auf dem freien Schenkel von δ liefert A.
4. Kreis um C mit Radius b = d.
5. Kreis um A mit Radius a = d.
6. Schnittpunkt der Kreise ist B.
7. $\overline{AB}$ und $\overline{BC}$ zeichnen.

d) 1. d = $\overline{AD}$ zeichnen.
2. α in A antragen.
3. δ in D antragen.
4. Abtragen von c auf dem freien Schenkel von δ liefert C.
5. Parallele zu d durch C.
6. Schnittpunkt der Parallele mit dem freien Schenkel von α ist B.

e) 1. a = $\overline{AB}$ zeichnen.
2. β in B antragen.
3. Abtragen von b auf dem freien Schenkel von α liefert C.
4. Kreis um A mit Radius d = a.
5. Kreis um C mit c = b.
6. Schnittpunkt der Kreise ist D.
7. $\overline{AD}$ und $\overline{CD}$ zeichnen.

f) 1. a = $\overline{AB}$ zeichnen.
2. α in A antragen.
3. Abtragen von d auf dem freien Schenkel von β liefert D.
4. Parallele zu a durch D.
5. Parallele zu d durch B.
6. Schnittpunkt der Parallelen ist C.

119 **10** *Ordnen der Vierecke*

a) S – Trapez; B – Quadrat; R – Parallelogramm; D – allgemeines Viereck; U – Rechteck;
F – Drachenviereck; C – Raute; H – Rechteck
T – Raute, Parallelogramm; Z – gleichschenkliges Trapez; K – Drachenviereck;
P – Drachenviereck; E – Quadrat; N – Trapez; I – Rechteck; L – Raute

b) Quadrate haben die meisten Symmetrieachsen (4).

c) Rechtecke und Rauten haben zwei Symmetrieachsen.

d) Drachenvierecke und gleichschenklige Trapeze.

e) Quadrat, Rechteck, allgemeines Parallelogramm, Raute

f) achsensymmetrisch, nicht punktsymmetrisch: Drachenviereck, gleichschenkliges Trapez
punktsymmetrisch, nicht achsensymmetrisch: allgemeines Parallelogramm

g) Drehwinkel 180°: Quadrat, Raute, Rechteck, allgemeines Parallelogramm
Drehwinkel 90°: Quadrat

119 [11] *Vierecke sprechen für sich*
(1) Auch ein Parallelogramm: Rechteck, Quadrat, Raute
(2) Auch eine Raute: Quadrat
(3) Auch ein Drachenviereck: Raute, Quadrat
(4) Auch ein Rechteck: Quadrate
(5) Auch ein Trapez: Parallelogramm, Quadrat, Rechteck, Raute

121 [12] *Forschungsaufgabe*
Eigenschaften des achsensymmetrischen Trapezes:
- Die den Basiswinkeln gegenüberliegenden Winkel sind gleich groß.
- Die Schenkel sind gleich lang.
- Die Diagonalen sind gleich lang.

[13] *Merkkarte für einen Drachen*
Eigenschaften des Drachenvierecks:
- Zwei gegenüberliegende Winkel sind gleich groß.
- Die Diagonalen sind orthogonal zueinander.
- Eine Diagonale halbiert die andere.

[14] *Merkkarte für eine Raute*
Eigenschaften des Parallelogramms:
- Gegenüberliegende Winkel sind gleich groß.
- Gegenüberliegende Seiten sind gleich lang und parallel.
- Die Diagonalen halbieren sich.

[15] *Rauten konstruieren*
a) Konstruktion:
1. $d = \overline{AD}$ zeichnen.
2. $\alpha = \gamma$ in A antragen.
3. Abtragen von $b = a$ auf dem freien Schenkel von α liefert B.
4. Spiegeln von A an $\overline{BD}$ liefert C.
5. $\overline{BC}$ und $\overline{CD}$ zeichnen.
Verwendete Eigenschaften: Gegenüberliegende Winkel sind gleich groß; alle Seiten sind gleich lang.
b) Konstruktion:
1. $b = \overline{BC}$ zeichnen.
2. Kreis um B mit Radius f.
3. Kreis um C mit Radius $c = b$.
4. Schnittpunkt der Kreise ist D.
5. Spiegeln von C an $\overline{BD}$ liefert A.
6. $\overline{AD}$ und $\overline{AB}$ zeichnen.
Verwendete Eigenschaften: Alle Seiten sind gleich lang.
c) Konstruktion:
1. $e = \overline{AC}$ zeichnen.
2. $\frac{\gamma}{2}$ in C nach beiden Seiten antragen.
3. $\frac{\alpha}{2}$ in A nach beiden Seiten antragen.
4. Schnittpunkte sind B und D.
Verwendete Eigenschaften: Die Diagonalen halbieren die Innenwinkel.

121 **16** *Drachenvierecke konstruieren*

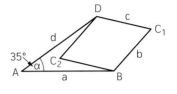

a) Konstruktion:
1. $a = \overline{AB}$ zeichnen.
2. α in A antragen.
3. Abtragen von $d = a$ auf dem freien Schenkel von α liefert D.
4. Kreise um B und D mit Radius $b = c$ zeichnen.
5. Der Schnittpunkt ist C.
   (Achtung: Es gibt 2 Möglichkeiten, siehe Skizze.)
6. $\overline{BC}$ und $\overline{CD}$ zeichnen.
Verwendete Eigenschaften: Zwei Paare aneinanderstoßender gleich langer Seiten.

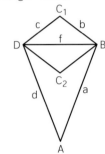

b) Konstruktion:
1. $f = \overline{BD}$ zeichnen.
2. Kreise um B und D mit Radius $a = d$ zeichnen.
3. Der Schnittpunkt ist A.
4. Kreise um B und D mit Radius $b = c$ zeichnen.
5. Der Schnittpunkt ist C.
   (Achtung: Es gibt 2 Möglichkeiten.)
6. Viereck ABCD zeichnen.
Verwendete Eigenschaften: siehe a)

c) Konstruktion:
1. $f = \overline{BD}$ zeichnen.
2. Kreise um B und D mit Radius $a = d$ zeichnen.
3. Der Schnittpunkt ist A.
4. (Mittel-) Senkrechte zu f durch A zeichnen.
5. Abtragen der Strecke e von A aus liefert C.
6. Viereck ABCD zeichnen.
Verwendete Eigenschaften: Zwei Paare aneinanderstoßender gleich langer Seiten; die Diagonalen sind orthogonal zueinander.

d) Konstruktion:
1. $c = \overline{CD}$ zeichnen.
2. δ in D antragen.
3. Kreis um C mit Radius e.
4. Der Schnittpunkt mit dem freien Schenkel von δ ist A.
5. Spiegeln von D an $\overline{AC}$ liefert B.
6. $\overline{AD}$, $\overline{AB}$ und $\overline{BC}$ zeichnen.
Verwendete Eigenschaften: Achsensymmetrie bezüglich e.

e) Konstruktion:
1. $d = \overline{AD}$ zeichnen.
2. $\frac{\alpha}{2}$ in A antragen.
3. Abtragen von e auf dem freien Schenkel von α liefert C.
4. Spiegeln von D an $\overline{AC}$ liefert B.
5. $\overline{AB}$, $\overline{BC}$ und $\overline{CD}$ zeichnen.
Verwendete Eigenschaften: Achsensymmetrie bezüglich e.

121 **16** f) Konstruktion:
1. $f = \overline{BD}$ zeichnen.
2. Mittelsenkrechte zu $\overline{BD}$ zeichnen.
3. In zwei beliebigen Punkten HA und HC auf der Mittelsenkrechten nach beiden Seiten $\frac{\alpha}{2}$ bzw. $\frac{\gamma}{2}$ antragen.
4. Die Parallelen zu den freien Schenkeln durch B und D zeichnen.
5. Die Schnittpunkte der Parallelen mit der Mittelsenkrechten sind A und C.
Verwendete Eigenschaften: Achsensymmetrie bezüglich e; die Diagonalen sind orthogonal zueinander.

17 *Trapeze*
a) Konstruktion:
1. $a = \overline{AB}$ zeichnen.
2. α in A antragen.
3. Abtragen von $d = b$ auf dem freien Schenkel von α liefert D.
4. $\beta = \alpha$ in B antragen.
5. Abtragen von b auf dem freien Schenkel von β liefert C.
6. $\overline{CD}$ zeichnen.
Verwendete Eigenschaften: Die den Basiswinkeln gegenüberliegenden Winkel sind gleich groß; die Schenkel sind gleich lang.
b) Konstruktion:
1. $c = \overline{CD}$ zeichnen.
2. Kreis um D mit Radius d und Kreis um C mit Radius $e = f$ zeichnen.
3. Der Schnittpunkt ist A.
4. Kreis um C mit Radius $b = d$ und Kreis um D mit Radius f zeichnen.
5. Der Schnittpunkt ist B.
6. $\overline{AB}$, $\overline{BC}$ und $\overline{AD}$ zeichnen.
Verwendete Eigenschaften: Die Schenkel sind gleich lang; die Diagonalen sind gleich lang.
c) Konstruktion:
1. $c = \overline{CD}$ zeichnen.
2. δ in D antragen.
3. Abtragen von $d = b$ auf dem freien Schenkel von δ liefert A.
4. $\gamma = \delta$ in C antragen.
5. Abtragen von b auf dem freien Schenkel von g liefert B.
6. $\overline{AB}$ zeichnen.
Verwendete Eigenschaften: Die den Basiswinkeln gegenüberliegenden Winkel sind gleich groß; die Schenkel sind gleich lang.
d) Konstruktion:
1. $a = \overline{AB}$ zeichnen.
2. in A antragen.
3. Kreis um B mit Radius f.
4. Der Schnittpunkt mit dem freien Schenkel von α ist D.
5. $\beta = \alpha$ in B antragen.
6. Kreis um A mit Radius $e = f$.
7. Der Schnittpunkt mit dem freien Schenkel von β ist C.
8. $\overline{CD}$ zeichnen.
Verwendete Eigenschaften: Die den Basiswinkeln gegenüberliegenden Winkel sind gleich groß; die Diagonalen sind gleich lang.

121 **18** *Parallelogramme*

a) Konstruktion:
   1. a = $\overline{AB}$ zeichnen.
   2. β = δ in B antragen.
   3. Abtragen von b auf dem freien Schenkel von β liefert C.
   4. Kreis um C mit Radius c = a und Kreis um A mit Radius d = b zeichnen.
   5. Der Schnittpunkt ist D.
   6. $\overline{AD}$ und $\overline{CD}$ zeichnen.

   Verwendete Eigenschaften: Gegenüberliegenden Winkel sind gleich groß; gegenüberliegende Seiten sind gleich lang.

b) Konstruktion:
   1. c = $\overline{CD}$ zeichnen.
   2. Kreis um D mit Radius f und Kreis um C mit Radius b = d zeichnen.
   3. Der Schnittpunkt ist B.
   4. Parallele zu b durch D und Parallele zu c durch B zeichnen.
   5. Der Schnittpunkt ist A.

   Verwendet Eigenschaften: Gegenüberliegende Seiten sind parallel und gleich lang.

c) Konstruktion:
   1. b = $\overline{BC}$ zeichnen.
   2. Kreis um b mit Radius $\frac{f}{2}$ und Kreis um C mit Radius $\frac{e}{2}$ zeichnen.
   3. Den Schnittpunkt M nennen.
   4. Spiegeln von C und B an M liefert A und D.
   5. $\overline{AB}$, $\overline{AD}$ und $\overline{CD}$ zeichnen.

   Verwendete Eigenschaften: Punktsymmetrie; die Diagonalen halbieren sich.

d) Konstruktion:
   1. c = $\overline{CD}$ zeichnen.
   2. δ in D antragen.
   3. Parallele zum freien Schenkel von δ durch C zeichnen.
   4. Kreis um D mit Radius f.
   5. Der Schnittpunkt mit der Parallelen ist B.
   6. Parallele zu d durch B zeichnen.
   7. Der Schnittpunkt mit dem freien Schenkel von δ ist A.

   Verwendete Eigenschaften: Gegenüberliegende Seiten sind parallel.

122 **19** *Kreuz und quer durchs Haus der Vierecke*

a) falsch　　　　　　b) wahr　　　　　　　c) wahr
d) falsch　　　　　　e) wahr　　　　　　　f) falsch

20 *Viereck gesucht*

a) Rechteck　　　　　b) Drachenviereck　　　c) Schüleraktivität.

21 *„Geerbte" Eigenschaften*

Dies gilt auch für Raute, Rechteck und Quadrat. Alle punktsymmetrischen Vierecke besitzen Diagonalen, die sich halbieren.

22 *Zusätzliche Eigenschaften*

a) Bedingungen für Parallelogramme, die Rechtecke sind:
   - Die Winkel müssen 90° betragen. (Ein Winkel muss 90° groß sein.)
   - Die Diagonalen müssen gleich lang sein.
   - Das Parallelogramm ist achsensymmetrisch.
   - Die Seitenhalbierenden sind auch Symmetrieachsen.
   - Die Symmetrieachsen schneiden sich in einem Winkel von 90°.

122 **22** b) Bedingungen für Drachenvierecke, die Parallelogramme sind:
- Die gegenüberliegenden Seiten müssen parallel sein.
- Die gegenüberliegenden Winkel müssen gleich groß sein.
- Die gegenüberliegenden Seiten müssen gleich lang sein. (Das Drachenviereck muss eine Raute sein.)

23 *Aus zwei mach eins*
a) Die Dreiecke müssen gleich (kongruent) und rechtwinklig sein.
b) Es müssen gleiche gleichschenklige Dreiecke mit rechtem Winkel vorliegen.
c) Es müssen zwei kongruente Dreiecke vorliegen.
d) Es müssen zwei kongruente gleichschenklige Dreiecke vorliegen.
e) Die Dreiecke müssen zueinander spiegelsymmetrisch sein.
f) Der der gemeinsamen Seite gegenüberliegende Winkel in Dreieck A muss genauso groß sein wie die Summe der beiden Winkel, die in Dreieck B an dieser Seite liegen.

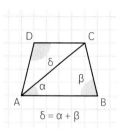

Kopfübungen
1. a) 120 b) 375
2. B(3|2); C(3|−1)
3. überstumpfe Winkel
4. a) 9·11 = 99 b) 33·3 = 99
5. 3 cm
6. 138 kg $\xrightarrow{+133\,kg}$ 271 kg $\xrightarrow{-69\,kg}$ 202 kg $\xrightarrow{-132\,kg}$ 70 kg $\xrightarrow{-13\,kg}$ 57 kg
7. 50 l

123 **24** *Dammbau*
Die Dammsohle muss etwa 8,9 m breit angelegt werden.
Lösungsansatz: Schneide das Trapez am Rand der Dammkrone senkrecht ab, sodass man ein rechtwinkliges Dreieck erhält. Davon kennt man eine Seite (Höhe des Trapezes) sowie zwei Winkel. Dieses Dreieck kann man konstruieren und findet dann durch messen die Breite der Dammsohle unterhalb der Böschung, daraus kann man die gesamte Breite der Dammsohle berechnen.

25 *Zählknobel*
Anzahl der Dreiecke: 2·4 = 8;

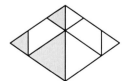 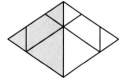

123 **25** Anzahl der Quadrate: 0;
Anzahl der Rechtecke: 0;
Anzahl der Rauten: 3

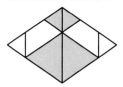 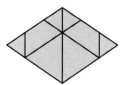

Anzahl der Drachenvierecke: 3 (die Rauten);
Anzahl der Parallelogramme: 3 (Rauten) + 2 · 4 = 11

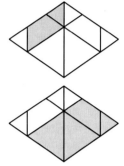 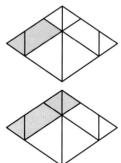

Anzahl der Trapeze: 11 (Parallelogramme) + 2 · 5 = 21

 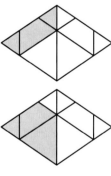

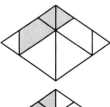

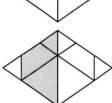

26 *Regelmäßige Vielecke, Muster und Kirchenfenster*
a) gleichseitiges Dreieck: dreifach achsensymmetrisch und drehsymmetrisch;
   Quadrat: vierfach achsensymmetrisch und drehsymmetrisch;
   regelmäßiges Fünfeck: fünffach achsensymmetrisch und drehsymmetrisch
b) regelmäßiges n-Eck: n-fach achsensymmetrisch und drehsymmetrisch
c) Schüleraktivität.
d) Schüleraktivität.

Kapitel 4
Rationale Zahlen

Didaktische Hinweise

In Band 6 wurde der Bereich der natürlichen Zahlen zu den ganzen Zahlen erweitert; mit diesen konnte auch bereits addiert, subtrahiert und multipliziert werden. Die diesbezüglichen Lernabschnitte werden hier z. T. wiederholt, jetzt aber unter Berücksichtigung des nach Einführung der Bruch- und Dezimalzahlrechnung erweiterten Zahlenmaterials.

Der Lernabschnitt **4.1** *Addieren und Subtrahieren mit rationalen Zahlen* bietet in der ersten grünen Ebene neben Anwendungsbezügen wie Schulden oder dem Meeresspiegel einen handlungsorientierten Zugang mittels des Abschreitens an der Zahlengeraden. Den Pfeildarstellungen zur Erklärung der Addition und Subtraktion wird somit eine ganzheitliche Aktivität und ein Erleben mit vielen Sinnen zur Seite gestellt. Die Übungen bieten den Schülerinnen und Schülern die Möglichkeit, die erlernten Rechenfertigkeiten zu trainieren und zu festigen. Bewährte Übungsformen wie Rechenmauern und Zahlenleine finden sich genauso wie der Einsatz des Taschenrechners, dessen Handhabung aktiv erschlossen wird und der sinnvoll eingesetzt wird.

Die Inhalte des Lernabschnitts **4.2** *Multiplizieren und Dividieren mit rationalen Zahlen* lassen sich nicht aus elementaren Anwendungssituationen oder Umweltbezügen herauslösen. Aus diesem Grund liegen die Schwerpunkte in diesem Lernabschnitt neben dem Üben von Multiplikation und Division auch im Begründen und Veranschaulichen der Rechenregeln auf verschiedensten Ebenen. Die konsequente Nutzung der Zahlengerade in den vorangehenden Kapiteln lässt sich auch in diesem Lernabschnitt fortführen: Multiplikation und Division lassen sich als Streckung bzw. Streckspiegelung an der Zahlengerade darstellen.
Zusätzlich können die Schülerinnen und Schüler alternative Lösungswege einander gegenüberstellen, um zu erkennen, wie sich die Rechengesetze der Multiplikation und Division ergeben, wenn die Gültigkeit des Kommutativ- und des Distributivgesetzes gefordert werden. Es werden Potenzen rationaler Zahlen und Produkte mit vielen Faktoren untersucht und Gesetzmäßigkeiten können selbst entdeckt werden. Vermischte Aufgaben bereiten auf das Zusammentreffen aller vorhandenen Rechenarten in ℚ vor.
Die zweite grüne Ebene führt diesen Gedanken konsequent weiter: Die Schüler und Schülerinnen können erforschen, was die vier Rechenarten bei der Anwendung auf die Koordinaten geometrischer Figuren bewirken. Eine Methode zur grafischen Lösung von Multiplikations- und Divisionsaufgaben bietet die Möglichkeit, Multiplikation und Division noch einmal unter einem anderen Aspekt zu betrachten.

Lösungen

4.1 Addieren und Subtrahieren mit rationalen Zahlen

130　**1** _Geldbewegungen auf einem Konto_

a) Die 102,25 € kommen durch die Abbuchung von 355,00 € des Möbelhauses zustande. Das Minuszeichen steht für einen negativen Kontostand bzw. für eine Abbuchung, wenn es hinter einer Buchung steht.

b)

BU-Tag	Vorgang		
		Saldo alt EUR	102,25 –
5.10.	Bareinzahlung		120,00 +
5.10.	Schuhhaus		89,95 –
5.10.	Supermarkt		42,57 –
		Saldo neu EUR	114,77 –

2 _Warum heißen die Niederlande so?_

a) Maßstab: 1 cm ≙ 2 m

b) Schüleraktivität.

3 _Temperaturen_

Unterschiede Tiefst-/Höchsttemperaturen:

Mo: 9,5 °C

Di: 4,3 °C (min.)

Mi: 9,8 °C

Do: 7,6 °C

Fr: 13,2 °C (max.)

132　**4** _Zahlen auf der Zahlengeraden ablesen_

a) $-1\frac{2}{3}$　　$-\frac{5}{6}$　　$-\frac{1}{2}$　　$-\frac{1}{6}$　　$\frac{1}{3}$　　$\frac{2}{3}$　　$1\frac{1}{3}$　　$2\frac{1}{6}$

b) -150　　-75　　-25　　75　　200

c) $-\frac{7}{16}$　　$-\frac{5}{16}$　　$-\frac{1}{16}$　　$\frac{1}{4}$

d) $-0,16$　　$-0,06$　　$-0,03$　　$0,04$　　$0,12$

5 _Zahlen auf der Zahlengeraden markieren_

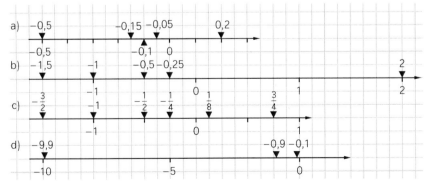

132

6 *Ordnen*

a) $-3 < -2,1 < -2,01 < -2 < 2,5 < 7$

b) $-\frac{9}{10} < -\frac{2}{5} < -0,1 < \frac{3}{8} < 0,4 < 0,6$

c) $-0,19 < -0,1 < -\frac{9}{125} < -\frac{7}{100} < -\frac{3}{100} < 0,09$

d) $-\frac{2}{3} < -\frac{1}{2} < -\frac{1}{20} < \frac{2}{5} < \frac{55}{100} < \frac{7}{10}$

7 *Ordnen nach Beträgen*

a) $|-0,4| < |1,8| < |-3,2| < |4,2| < |6,2|$

b) $|0,6| < |-1,1| < |1,8| < |2,4| < |-3,6|$

c) $\left|-\frac{1}{4}\right| < \left|\frac{1}{2}\right| < \left|-\frac{5}{6}\right| < \left|\frac{3}{2}\right| < \left|-\frac{5}{2}\right|$

d) $|-0,1| < \left|-\frac{3}{10}\right| < \left|\frac{3}{4}\right| < |0,8| < |1,2|$

8 *Wahr oder falsch*

a) Alle Aussagen außer der zweiten Aussage sind wahr.

b) Nur die dritte Aussage ist wahr.

c) Schüleraktivität.

9 *Training*

a) $-8 - 2 = -10$　　b) $3 - 7 = -4$　　c) $-\frac{9}{10} - \frac{1}{2} = -\frac{14}{10}$　　d) $3,2 - \frac{1}{2} - 0,9 = 1,8$

$-3 + 15 = 12$　　　$-8 - 1 = -9$　　　$-\frac{1}{5} - 2,6 = -2,8$　　　$-4,6 + 2,3 - 1,8 = -4,1$

$-5,5 - 2,5 = -8$　　$-\frac{2}{3} + \frac{8}{9} = \frac{2}{9}$　　　$-0,8 + 3\frac{1}{2} = 2,7$　　　$-2,75 + 0,75 = -2$

$-0,5 - 0,5 = -1$　　$\frac{9}{10} + 4,5 = 5,4$　　　$-1,25 - \frac{3}{4} = -2$　　　$-\frac{5}{2} - 3,8 - 3,8 = -10,1$

$-\frac{1}{2} - \frac{1}{2} = -1$　　$-7 + 7 = 0$　　　$-3,5 + \frac{2}{5} = -3,1$　　　$-\frac{7}{10} - 1\frac{3}{5} + \frac{9}{10} = -1,4$

133

10 *Vorzeichen und Rechenzeichen*

a) $+15 - (-7) = 22$　　　　b) $+\frac{7}{15} - \left(+\frac{2}{3}\right) = -\frac{1}{5}$

$+46 - (-12,5) = +58,5$　　　$+2,3 - (-12,5) = +14,8$

$-46 - (-12,5) = -33,5$　　　$-6,95 + \left(-\frac{11}{20}\right) = -7,5$

$43 + (-4,5) = +38,5$　　　　$+3,25 - (-1,75) = 5$

11 *Zahlenleine*

Bei einigen Aufgaben gibt es mehrere Möglichkeiten.

$27 + 4 = 31$　　　　　$-67 + (-3) = -70$　　　$-67 + (-33) = -100$　　$-67 + (-5) = -72$

$|-12| - |-5| = 7$　　　$27 - (-5) = 32$　　　　$-12 + (-3) = -15$　　　$0 - 4 = -4$

12 *Trainingseinheit*

+	−5	3,2	$-\frac{3}{4}$	−10,9
−2	−7	1,2	−2,75	−12,9
$-\frac{1}{2}$	−5,5	2,7	−1,25	−11,4
3	−2	6,2	2,25	−7,9

−	4,6	−8,9	$-\frac{5}{8}$	0,78
2,7	−1,9	11,6	3,325	1,92
$-\frac{3}{5}$	−5,2	8,3	0,025	−1,38
−0,13	−4,73	8,77	0,495	−0,91

133 **13** *Zahlenrätsel*

a) $-16 \underset{-25}{\overset{+25}{\rightleftarrows}} 9 \underset{+17}{\overset{-17}{\rightleftarrows}} -8$ Lukas dachte sich die -16.

b) $-14,5 \underset{+3}{\overset{-3}{\rightleftarrows}} -17,5 \underset{-17,5}{\overset{+17,5}{\rightleftarrows}} 0$ Violetta dachte sich die $-14,5$.

c) Schüleraktivität.

14 *Zahlen als Summe oder Differenz darstellen*
Beispiele:

	a)	b)	c)	d)
-5	$= 2 + (-7)$	$= 10 - 15$	$= -20 - (-15)$	$= -1 - 4$
-19	$= (-20) + (+1)$	$= 1 - 20$	$= -28 - (-9)$	$= -18 - 1$
19	$= 20 + (-1)$	$= 30 - 11$	$= (-1) - (-20)$	$= 17 - (-2)$
$4,5$	$= 5 + (-0,5)$	$= 5 - 0,5$	$= (-2) - (-6,5)$	$= 4 - (-0,5)$
$-7,5$	$= 10 + (-17,5)$	$= 2,5 - 10$	$= (-10) - (-2,5)$	$= -7 - 0,5$
37	$= 40 + (-3)$	$= 40 - 3$	$= (-1) - (-38)$	$= 36 - (-1)$
$-\frac{1}{2}$	$= -1,5 + 1$	$= 0,5 - 1$	$= (-1,5) - (-1)$	$= -\frac{1}{4} - \frac{1}{4}$
$\frac{1}{2}$	$= -0,5 + 1$	$= 2 - 1,5$	$= -1,5 - (-2)$	$= \frac{1}{4} - \left(-\frac{1}{4}\right)$
$-6,25$	$= -7 + 0,75$	$= 3,75 - 10$	$= -7,25 - (-1)$	$= \left(-\frac{1}{4}\right) - 6$

15 *Unbewohnte Zahlengerade*
Schüleraktivität.
(Im Schülerband auf Seite 134 stehen im Exkurs einige Informationen zur Geschichte der Zahlen und Ziffern.)

134 **Kopfübungen**

1. $\frac{17}{24}$
2. Nur der in der Mitte befindliche Quader.
3. -21
4. $1000\,\text{mm}^3$
5. 45
6. 4 von 16 Buchstaben, d.h. 25%
7. 16€

135 **16** *Harte Nüsse*

a) -1 b) $-11,25$ c) -7 d) $-2\frac{1}{3}$

17 *Rechenmauern mit Lücken*

a)

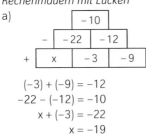

	-10	
$-$	-22	-12

$+$	x	-3	-9

$(-3) + (-9) = -12$
$-22 - (-12) = -10$
$x + (-3) = -22$
$\quad\quad x = -19$

b)

	-1	
$-$	$-2,7$	$-1,7$

$+$	$-5,3$	$2,6$	x

$(-5,3) + 2,6 = -2,7$
$(-2,7) - (-1,7) = -1$
$2,6 + x = -1,7$
$\quad\quad x = -4,3$

135 [17] c)

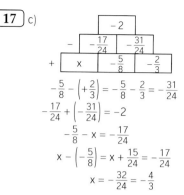

$$-\frac{5}{8} - \left(+\frac{2}{3}\right) = -\frac{5}{8} - \frac{2}{3} = -\frac{31}{24}$$

$$-\frac{17}{24} + \left(-\frac{31}{24}\right) = -2$$

$$-\frac{5}{8} - x = -\frac{17}{24}$$

$$x - \left(-\frac{5}{8}\right) = x + \frac{15}{24} = -\frac{17}{24}$$

$$x = -\frac{32}{24} = -\frac{4}{3}$$

[18] *Eine ungewöhnliche Zuordnungsvorschrift*

a)

x	−10	−9	−8	−7	−6	−5	−4	−3	−2	−1	0
abs (x)	10	9	8	7	6	5	4	3	2	1	0

x	1	2	3	4	5	6	7	8	9	10
abs (x)	1	2	3	4	5	6	7	8	9	10

b) / c) Jeder Zahl wird ihr Abstand zu 0 zugeordnet. Deshalb hat der Graph auch einen Knick und ist symmetrisch zur y-Achse.

[19] *Betragsrätsel*

a) $|5 - x| \le 2$ Beispiele: $x = 6 \rightarrow$ $|5 - 6| = |-1| = 1$
$1 \le 2$

$x = 7 \rightarrow$ $|5 - 7| = |-2| = 2$
$2 \le 2$

$x = 3 \rightarrow$ $|5 - 3| = |2| = 2$
$2 \le 2$

$x = 4 \rightarrow$ $|5 - 4| = |1| = 1$
$1 \le 2$

b) Schüleraktivität.
c) Schüleraktivität.
d) $|3 - x| \le 7$ Beispiele: $x = 10$
$x = -4$
$x = 1$

Alle Zahlen, die zwischen −4 und 10 liegen.

4.2 Multiplizieren und Dividieren mit rationalen Zahlen

136 [1] *Multiplizieren mit rationalen Zahlen*

$0,6 \cdot \quad 0,3 = 0,18$
$0,6 \cdot \quad 0,2 = 0,12$
$0,6 \cdot \quad 0,1 = 0,06$
$0,6 \cdot \quad 0 \quad = 0$
$0,6 \cdot (-0,1) = -0,06$
$0,6 \cdot (-0,2) = -0,12$

$0,3 \cdot 0,3 = 0,09$
$0,2 \cdot 0,3 = 0,06$
$0,1 \cdot 0,3 = 0,03$
$0 \quad \cdot 0,3 = 0$
$(-0,1) \cdot 0,3 = -0,03$
$(-0,2) \cdot 0,3 = -0,06$

$(-0,2) \cdot \quad 0,3 = -0,06$
$(-0,2) \cdot \quad 0,2 = -0,04$
$(-0,2) \cdot \quad 0,1 = -0,02$
$(-0,2) \cdot \quad 0 \quad = 0$
$(-0,2) \cdot (-0,1) = 0,02$
$(-0,2) \cdot (-0,2) = 0,04$

136 ⎿2⏌ *Regeln für das Dividieren mit rationalen Zahlen*

a) (1) $(-3,6):3$

Mögliche Ergebnisse: $1,2$ oder $-1,2$

Probe: $1,2 \cdot 3 = 3,6$

$-1,2 \cdot 3 = -3,6$

Richtiges Ergebnis: $-1,2$

(2) $\left(\frac{3}{4}\right):\left(-\frac{1}{2}\right)$

Mögliche Ergebnisse: $\left(\frac{3}{2}\right)$ oder $\left(-\frac{3}{2}\right)$

Probe: $\left(\frac{3}{2}\right)\cdot\left(-\frac{1}{2}\right)=\left(-\frac{3}{4}\right)$

$\left(-\frac{3}{2}\right)\cdot\left(-\frac{1}{2}\right)=\left(\frac{3}{4}\right)$

Richtiges Ergebnis: $\left(-\frac{3}{2}\right)$

(3) $(-4):(-0,1)$

Mögliche Ergebnisse: 40 oder -40

Probe: $40 \cdot (-0,1) = -4$

$-40 \cdot (-0,1) = 4$

Richtiges Ergebnis: 40

(4) $3:\frac{1}{4}$

Mögliche Ergebnisse: 12 oder -12

Probe: $12 \cdot \frac{1}{4} = 3$

$-12 \cdot \frac{1}{4} = -3$

Richtiges Ergebnis: 12

b) Das Ergebnis ist positiv, wenn beide Zahlen das gleiche Vorzeichen haben. Haben die Zahlen jeweils ein unterschiedliches Vorzeichen, dann ist das Ergebnis negativ.

137 ⎿3⏌ *Vorzeichen bestimmen*

a)

I	–	+	–	+
II	0	–	–	0
III	–	+	–	+
IV	–	+	0	–

b) In II müssen noch zwei Aufgaben und in IV noch eine mit positivem Ergebnis ergänzt werden.

c) Drei Aufgaben haben Null als Ergebnis.

138 ⎿4⏌ *Kopfrechnen*

a) 18 -30 -10 -48 72

b) -6 7 -10 50 -1000

⎿5⏌ *Lücken*

a) $(-11)\cdot(\mathbf{-11}) = 121$

b) $\mathbf{25}\cdot(-5) = -125$

c) $-125:(-5) = 25$

d) $(-123)\cdot(\mathbf{-10}) = 1230$

e) $\mathbf{13}\cdot13 = 169$

f) $-13\cdot13 = -169$

g) $930:(-3) = \mathbf{-310}$

h) $(-64):8 = -8$

i) $64:(\mathbf{-8}) = -8$

j) $(-1,2):\mathbf{4} = -0,3$

k) $(-11):\left(-\frac{1}{11}\right) = 121$

l) $11\cdot11 = 121$

m) $3,6:(\mathbf{-0,4}) = -9$

n) $(-823):\mathbf{1} = -823$

o) $(-13,2)\cdot(\mathbf{-1}) = 13,2$

⎿6⏌ *Auch Brüche können positiv oder negativ sein*

a) $-\frac{8}{15}$ b) $\frac{1}{3}$ c) $\frac{21}{10}$ d) $\frac{6}{5}$ e) 21 f) 64 g) $\frac{7}{15}$ h) $\frac{4}{5}$

⎿7⏌ *Fehlende Vorzeichen und Zahlen gesucht*

Bei den Aufgabenteilen i) und j) gibt es viele verschiedene Lösungsmöglichkeiten.

a) $-260:(\mathbf{+13}) = -20$

b) $96:(\mathbf{+6}) = +16$

c) $+225:(-15) = \mathbf{-15}$

d) $12\cdot(-9) = \mathbf{-108}$

e) $13\cdot(-14) = \mathbf{-182}$

f) $81:(\mathbf{-9}) = -9$

g) $-9\cdot(\mathbf{+9}) = -81$

h) $(\mathbf{-192}):8 = -24$

i) $(\mathbf{+54}):(\mathbf{-2}) = -27$

j) $(\mathbf{-20})\cdot(\mathbf{+6}) = -120$

k) $-32,5:(\mathbf{-1}) = 32,5$

l) $(\mathbf{0}):(-6,2) = 0$

138 **8** *Vorzeichen gesucht – Taschenrechner*

	a) Vor-zeichen	b) Überschlag	c) exaktes Ergebnis (gerundet auf Zehntel)
i)	positiv	$4 \cdot (-6) \cdot (-10) = 240$	$233{,}2$
ii)	positiv	$(-5) \cdot 3 \cdot 7 \cdot (-10) = 1050$	$965{,}5$
iii)	negativ	$(-2) \cdot (-6) \cdot 1 \cdot (-4) \cdot (-5) \cdot (-10) = -2400$	$-1821{,}8$
iv)	negativ	$13 \cdot (-8) \cdot 3 \cdot (-3) \cdot (-2) \cdot 12 \cdot (-8) \cdot (-6) = -1\,078\,272$	$-1\,003\,318{,}5$
v)	negativ	$(-7) \cdot (-1) \cdot 1 \cdot (-2) \cdot (-20) \cdot 3 \cdot 1 \cdot (-100) = -84\,000$	$-44\,972{,}3$

9 *Potenzen*

a) $(-3)^3 = (-3) \cdot (-3) \cdot (-3) = -27$

$(-0{,}5)^2 = (-0{,}5) \cdot (-0{,}5) = 0{,}25$

$(-1{,}6)^2 = (-1{,}6) \cdot (-1{,}6) = 2{,}56$

$(-5)^3 = (-5) \cdot (-5) \cdot (-5) = -125$

$\left(-\frac{1}{3}\right)^4 = \left(-\frac{1}{3}\right) \cdot \left(-\frac{1}{3}\right) \cdot \left(-\frac{1}{3}\right) \cdot \left(-\frac{1}{3}\right) = \frac{1}{81}$

$(-8)^2 = (-8) \cdot (-8) = 64$

$(-2)^6 = (-2) \cdot (-2) \cdot (-2) \cdot (-2) \cdot (-2) \cdot (-2) = 64$

$(-2)^5 = (-2) \cdot (-2) \cdot (-2) \cdot (-2) \cdot (-2) = -32$

$(-0{,}2)^5 = (-0{,}2) \cdot (-0{,}2) \cdot (-0{,}2) \cdot (-0{,}2) \cdot (-0{,}2) = -0{,}00032$

$(-10)^5 = (-10) \cdot (-10) \cdot (-10) \cdot (-10) \cdot (-10) = -100\,000$

$\left(-\frac{2}{5}\right)^5 = \left(-\frac{2}{5}\right) \cdot \left(-\frac{2}{5}\right) \cdot \left(-\frac{2}{5}\right) \cdot \left(-\frac{2}{5}\right) \cdot \left(-\frac{2}{5}\right) = -\frac{32}{3125}$

$\left(-\frac{3}{4}\right)^3 = \left(-\frac{3}{4}\right) \cdot \left(-\frac{3}{4}\right) \cdot \left(-\frac{3}{4}\right) = -\frac{27}{64}$

b) Ist die Hochzahl ungerade und die Basis negativ, so ist die Potenz negativ. Sonst ist die Potenz positiv (oder null).

139 **10** *Produkte mit rationalen Zahlen*

a) negativ   b) positiv   c) positiv   d) negativ   e) negativ

11 *Durch und Mal mit rationalen Zahlen*

·	+	−
+	+	−
−	−	+

:	+	−
+	+	−
−	−	+

Die Vorzeichentabellen sind gleich.

12 *Divisionstabelle*

a)

:	−4	−1,6	$\frac{1}{5}$	−0,6
−2	$\frac{1}{2}$	1,25	−10	$3\frac{1}{3}$
$-\frac{4}{5}$	$\frac{1}{5}$	0,5	−4	$1\frac{1}{3}$
0,5	$-\frac{1}{8}$	$-\frac{5}{16}$	2,5	$-\frac{5}{6}$
6,4	−1,6	−4	32	$-10\frac{2}{3}$

139 **12** b)

:	− 0,75	− 2,4	− 1	$-\frac{3}{2}$
− 0,6	0,8	0,25	0,6	0,4
− 1,2	1,6	0,5	1,2	0,8
$-\frac{3}{5}$	$\frac{4}{5}$	$\frac{1}{4}$	$\frac{3}{5}$	$\frac{2}{5}$
4,8	− 6,4	− 2	− 4,8	− 3,2

13 Gefährliche Mischung
a) 4 b) 0 c) − 5 d) 81 e) 21 f) 6
g) − 15 h) − 2,7 i) − 15 j) − 3 k) − 12 l) 1234

14 Rechenvorteile nutzen
a) $[-3 + 7] \cdot (-4) = 4 \cdot (-4) = -16$
b) $99 \cdot [-19 + 20] = 99 \cdot 1 = 99$
c) $[-6 + 7] \cdot (-4) = 1 \cdot (-4) = -4$
d) $(-19) \cdot [104 + (-99)] = (-19) \cdot 5 = -95$
e) $1{,}7 \cdot [-3{,}9 + (-6{,}1)] = 1{,}7 \cdot (-10) = -17$
f) $(-0{,}5) \cdot [8{,}7 + 9{,}3] = (-0{,}5) \cdot 18 = -9$
g) $\left(-\frac{1}{4}\right) \cdot \left[\frac{7}{5} + \left(-\frac{13}{5}\right)\right] = \left(-\frac{1}{4}\right) \cdot \left(-\frac{6}{5}\right) = \frac{3}{10}$
h) $\left(-\frac{7}{5}\right) \cdot [3 + (-2)] = \left(-\frac{7}{5}\right) \cdot 1 = -\frac{7}{5}$
i) $0{,}1 \cdot [-9{,}3 + (-0{,}7)] = 0{,}1 \cdot (-10) = -1$
j) $[2{,}5 + (-1{,}2)] \cdot (-0{,}5) = 1{,}3 \cdot (-0{,}5) = -0{,}65$

15 Produkt mit vielen Faktoren
Positiv ist ein Produkt, wenn es nur positive Faktoren oder eine gerade Anzahl negativer Faktoren enthält und kein Faktor gleich null ist. Negativ ist ein Produkt, wenn es eine ungerade Anzahl negativer Faktoren enthält und kein Faktor null ist.

140 **16** Graphen im Koordinatensystem

x	−2	−1,5	−1	−0,5	0	0,5	1	1,5	2
a) $4 \cdot x$	−8	−6	−4	−2	0	2	4	6	8
b) $x \cdot (-4)$	8	6	4	2	0	−2	−4	−6	−8
c) $x \cdot (-3)$	6	4,5	3	1,5	0	−1,5	−3	−4,5	−6

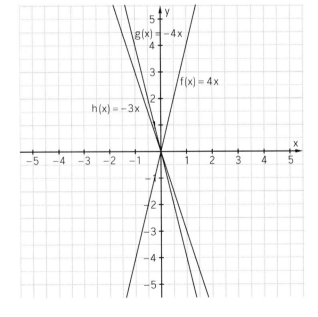

140 $\boxed{17}$ *Zahlenrätsel*

a) $-2\frac{1}{4} \cdot \left(-\frac{4}{9}\right) = 1$ 　　 b) $\frac{2}{3} : \left(-\frac{2}{3}\right) = -1$ 　　 c) $0{,}8 : (-0{,}8) = -1$ 　　 d) $1{,}05 \cdot \left(-\frac{40}{21}\right) = -2$

$\boxed{18}$ *Flohmarkt*

a) Bilanz: $36\,€ - (20\,€ + 46\,€) = 36\,€ - 66\,€ = -30\,€$
　　$-30\,€ : 3 = -10\,€$
　　Jeder muss 10 € „draufzahlen".

b) Bilanz: $46\,€ - (20\,€ + 12\,€) = 46\,€ - 32\,€ = 14\,€$
　　$14\,€ : 2 = 7\,€$
　　Jeder hat 7 € Gewinn gemacht.

Kopfübungen

1. 0,5
2. z. B. (2|0) und (0|2)
3. -7
4. Überstumpfer Winkel
5. z. B. $-10, -50$
6. a) 650 kg 　　　　　　 b) 4278 kg
7. 150 €

141 $\boxed{19}$ *Zeichnen statt Rechnen*

a) Schüleraktivität.
b) Vorzeichenregel: Werden zwei Werte mit negativen Vorzeichen miteinander multipliziert, ergibt sich immer ein positiver Wert.
c) Schüleraktivität.
　　Es findet kein Wechsel des Vorzeichens statt. Die Werte werden lediglich um den Faktor 3 kleiner.

Kapitel 5
Gleichungen und Terme

Didaktische Hinweise

Dieses Kapitel bietet die erste umfangreichere Einführung in die Algebra. Es baut einerseits auf einer Vielzahl von einzelnen Vorübungen ab Klasse 5 auf:

- Rechenterme in den Zahlbereichen $\mathbb{N}$, $\mathbb{Q}_+$ und $\mathbb{Q}$
- einfache Gleichungen in diesen Zahlbereichen
- einfache Formeln und Terme beim Erkunden von Zahlenmustern und beim Berechnen von Größen in Sachzusammenhängen und geometrischen Beziehungen
- Terme im Zusammenhang mit Zuordnungen

Andererseits stellt es aber auch eine eigenständige und behutsame Heranführung an die „Sprache der Algebra" dar.

Dabei werden die neueren lernpsychologischen und didaktischen Erkenntnisse konsequent berücksichtigt. Dies bedeutet einmal eine stärkere Betonung des Bedeutungsaspektes von Termen (Aufstellen und Interpretieren), zum anderen eine Einbettung des (syntaktischen) Manipulierens in sinnhafte und anschauliche Zusammenhänge.

Dies zeigt sich bereits äußerlich in der Reihenfolge der Lernabschnitte – das Aufstellen und Lösen von Gleichungen wird dem Rechnen mit Termen vorangestellt. Im methodischen Detail führt es zur Berücksichtigung vielfältiger Anschauungshilfen und geometrischer Bezüge. Besonderer Wert wird auf die allmähliche Heranführung an die algebraische Fachsprache gelegt, die Lernenden erfahren die Vorteile dieser Sprache an für sie einsichtigen Problemstellungen und werden selbsttätig an den ersten Stufen einer Präzisierung beteiligt.

Im Lernabschnitt **5.1** *Gleichungen aufstellen und lösen* steht der Inhaltsaspekt von Gleichungen im Vordergrund. In einfachen Anwendungssituationen oder Rätseln wird die „Unbekannte x" gesucht. Hierzu wird das Problem zunächst in eine Gleichung (mit einfachen Termen) übersetzt und dann gelöst. Dabei wird bewusst nicht auf eine formale Lösungsmethode (durch Äquivalenzumformungen) hin gearbeitet, vielmehr werden verschiedene Lösungsmethoden (Probieren, Tabelle, Graph, Waage) zugelassen, nahegelegt bzw. vorbereitet.

Das zugehörige Basiswissen stellt das Gleichungslösen als Modellierungsprozess dar. Das Aufstellen der Gleichung entspricht dem ersten Modellierungsschritt, dem Übersetzen des Problems in ein mathematisches Modell. Innerhalb des Modells wird die Gleichung nach einer der Methoden gelöst, die festgehaltene Lösung wird durch die Einsetzprobe überprüft. Für den Rückbezug zur Ausgangssituation steht anschließend noch die Problemprobe an, hier wird überprüft, ob die gefundene mathematische Lösung wirklich eine Lösung des Ausgangsproblems darstellt.

In den anschließenden Übungen wird dieser Modellierungsprozess an unterschiedlichen Situationen aus dem Alltag oder auch aus der Geometrie als Ganzes trainiert (Übungen 8 bis 15 und die historischen Aufgaben 16 bis 18); dabei werden jeweils unterschiedliche Lösungsmethoden und auch deren Vergleich nahegelegt. Der schwierige Prozess des Übersetzens von Bildern und Texten in die passende Gleichung („Aufstellen der Gleichung") wird in den Beispielen noch einmal ausführlich erläutert und auch in eigenen Aktivitäten (Übungen 6 und 7) trainiert. Dabei werden auch geeignete Hilfen (Übung 9: „Bilder helfen beim Übersetzen in eine Gleichung", Übung 10: „Lösen mit Grafik – Training") vorgestellt und benutzt. Bei der Übung 15 „Wo steckt der Fehler" wird noch einmal die Bedeutung von Einsetzprobe und Problemprobe hervorgehoben, indem die unterschiedlichen Fehler entweder beim Aufstellen der Gleichung (Problemprobe) oder beim Lösen der Gleichung (Einsetzprobe) mit der Probe entlarvt werden. Die historischen Aufgaben am Ende des Abschnitts vermitteln zusammen mit dem Exkurs einen ersten Eindruck über die lange Geschichte des Gleichungslösens.

Der Lernabschnitt **5.2** *Gleichungen lösen mit systematischem Probieren - Tabelle und Grafik* zeigt einen ersten Ansatz zum systematischen Gleichungslösen auf, der konsequent die Möglichkeiten des grafikfähigen Taschenrechners (GTR) nutzt: Tabelle und Grafik. Einerseits werden hier Gleichungen einer Lösung zugänglich, bei denen die Methode der Äquivalenzumformung versagt, zum anderen wird der algebraische Zugang auch durch die Grenzen des grafisch / numerischen Vorgehens motiviert.

Im Lernabschnitt **5.3** *Gleichungen lösen mit Äquivalenzumformungen* wird die Standardmethode des Gleichungslösens mithilfe von Äquivalenzumformungen eingeführt und geübt. Das Verfahren wird zunächst anschaulich durch Handlungen am Waagemodell einsichtig. Auf dieses Modell wird einerseits bei den Übungen zwar immer wieder zurück gegriffen, andererseits verdeutlichen die Beispiele aber auch die Grenzen des Modells und führen über eine stufenweise Loslösung von der Anschauung zu der allgemeineren Beschreibung der Äquivalenzumformungen einer Gleichung. Das Leitziel „die gegebene Gleichung durch zulässige Umformungen so zu vereinfachen, dass man die Lösung sofort ablesen kann" bietet dabei die für die Lernenden klare und nützliche Zielvorgabe.
Die Gleichungen sind in diesem einführenden Kapitel so einfach, dass das dabei notwendige Rechnen mit Termen (z. B. $5x - 2x = 3x$) mit inhaltlichen Vorstellungen verbunden und intuitiv angewandt werden kann. Gleichzeitig wird damit eine weitere Motivation und Basis für das in einem späteren Kapitel thematisierte Rechnen mit Termen geschaffen.
In einem ersten Übungsblock (6 bis 16) wird das Verfahren operatorisch durchgearbeitet, indem Gleichungen durch Äquivalenzumformungen gelöst werden, zu äquivalenten Gleichungen die Umformungen bestimmt werden, zu Lösungen und gegebenen Umformungen die Ausgangsgleichung wieder hergestellt wird oder auch eigene Gleichungen zu vorgegebenen Lösungen entworfen werden. Dabei wird die Einsetzprobe als Mittel der Selbstkontrolle immer wieder gefordert, beim Aufgabentyp „Wo steckt der Fehler?" dient sie auch zum Entlarven der fehlerhaften Beispiele.
Ein weiterer Übungsblock (Übungen 17 bis 20) schließt nun neben dem Lösungsverfahren auch wieder das Modellieren (Aufstellen der Gleichung) mit ein, die „Anwendungen" beziehen sich sowohl auf geometrische Figuren und „Zahlenmauern" als auch auf einfache Sachsituationen. Bei diesen Aufgaben wird dann neben der Einsetzprobe auch die zusätzliche Problemprobe gefordert.
Zum Abschluss des Kapitels wird in der zweiten grünen Ebene noch auf die Typen der unlösbaren Gleichung und der allgemeingültigen Gleichung eingegangen und in diesem Zusammenhang auch die Bedeutung der Grundmenge bewusst gemacht. Die Aufgaben hierzu sind so aufgebaut, dass die Lernenden diese Aspekte selbst entdecken und beschreiben können, eine fachsprachlich formale Darstellung wird hier noch nicht angestrebt.

Im Lernabschnitt **5.4** wird das *Rechnen mit Termen* mit Summen und Produkten weitergeführt. Das Verständnis für solche Termstrukturen wird durch Rechenbäume und geometrische Interpretationen (Flächen- und Rauminhalte) und Anwendungen gestützt. Bei dem vielfältigen „Termtraining" wechseln operatorische Übungen mit strukturellen Analysen und inhaltlichen Bezügen ab. Bei geometrischen Problemstellungen werden jeweils unterschiedliche Termbeschreibungen herausgefordert und deren Äquivalenz durch Termumformungen nachgewiesen.

Lösungen

5.1 Gleichungen aufstellen und lösen

148 (**1**) *Ein Quader, ein Hauptgewinn und der Atlantik*

a) x = Breite = Höhe des Quaders (in cm)
   (x + 6) = Länge (in cm)
   Kantenlänge: K = $4 \cdot x + 4 \cdot x + 4 \cdot (x + 6)$ (in cm)
   Lösung durch Ausprobieren:
   z. B.: x = 12: K = $4 \cdot 12 + 4 \cdot 12 + 4 \cdot (12 + 6) = 168$ (in cm) $\neq 240\,cm = 2{,}4\,m$
        x = 18: K = $4 \cdot 18 + 4 \cdot 18 + 4 \cdot (18 + 6) = 240$ (in cm) $= 2{,}4\,m$
   Der Quader wird 18 cm breit.

b) x: Betrag, den Xaver erhält (in €)
   x + 15 000 = Betrag, den Yvonne erhält (in €)
   (x + 15 000) + 25 000 = x + 40 000 = Betrag den Anton erhält (in €)
   Hauptgewinn: H = x + (x + 15 000) + (x + 40 000) (in €)
   Lösung durch Ausprobieren:
   z. B.: x = 50 000: H = 50 000 + (50 000 + 15 000) + (50 000 + 40 000) = 205 000 $\neq$ 235 000
        x = 60 000: H = 60 000 + (60 000 + 15 000) + (60 000 + 40 000) = 235 000 (in €)
   Xaver erhält 60 000 €.

c) x: Oberfläche des Atlantiks (in Mio. km^2)
   $2 \cdot x$ = Oberfläche des Pazifiks (in Mio. km^2)
   x − 10 = Oberfläche des Indischen Ozeans (in Mio. km^2)
   Wasseroberfläche: W = x + (2x) + (x − 10) (in Mio. km^2)
   Lösung durch Ausprobieren:
   z. B.: x = 90:   W = 90 + 2 · 90 + (90 − 10) = 350 $\neq$ 320
        x = 82,5: W = 82,5 + 2 · 82,5 + (82,5 − 10) = 320 Mio. (in km^2)
   Der Atlantik hat eine Oberfläche von 82,5 Mio km^2.

149 (**2**) *Ein Zahlenrätsel*

x: gesuchte Zahl
→ $2 \cdot x$ = das Doppelte dieser Zahl
→ dazu 5 addieren: $2 \cdot x + 5$
analog $3 \cdot x - 2$, beides soll gleich sein.

probierte Zahl x	1	2	3	4	5	6	7
2x + 5	7	9	11	13	15	17	19
3x − 2	1	4	7	10	13	16	19

                                                   ↓
                                                passt

(**3**) *Ein Altersrätsel*

a)

x	33 + x	13 + x
3	36	16
4	37	17
5	38	18
6	39	19
7	40	20

→ Lösung

b) Schüleraktivität: Übertragen des Problems auf eigene Situation.

149 $\boxed{4}$ *Smartphone*

Mögliche Erklärung von Kais Vorgehen:
Kai sucht auf der Kostenachse die 40 €-Marke, zeichnet von dort eine Senkrechte bis zum Graphen und von dort eine Senkrechte auf die Zeitachse. Dort liest er 320 min ab. Bei 20 € hat er 120 min telefoniert, bei 24 € 160 Minuten und bei 60 € 560 Minuten.

$\boxed{5}$ *Auf unterschiedlichen Wegen zum Ziel*

Tabellarisch:

Zu Aufgabe 2: $2x + 5 = 3x - 2$

x	0	1	2	3	4	5	6	7
2x + 5	5	7	9	11	13	15	17	19
3x - 2	−2	1	4	7	10	13	16	19

Zu Aufgabe 4: $T(x) = 0{,}1x + 8$

T(x)	20	24	30	36	40	44
Zeit in min	120	160	220	280	320	360

Grafisch:

Zu Aufgabe 2: das linke Diagramm; man liest den Schnittpunkt ab: $x = 7$
Zu Aufgabe 3: das rechte Diagramm; man liest den Schnittpunkt ab: $x = 7$

151 $\boxed{6}$ *Vom Text zur Gleichung – Training*

a) $5 \cdot x = 60$, $x = 12$ $\qquad$ b) $\frac{x}{2} = 3$, $x = 6$

c) $x + 10 = 23$, $x = 13$ $\qquad$ d) $x - 15 = 27$, $x = 42$

e) $2 \cdot x - 7 = 3$, $x = 5$ $\qquad$ f) $n + (n + 1) + (n + 2) = 12$, $n = 3$

g) $x - \frac{x}{3} = 9$, $x = 13{,}5$ $\qquad$ h) $7 \cdot x + 3 = 24$, $x = 3$

152 $\boxed{7}$ *Leerstellen ausfüllen und Gleichungen lösen durch Ausprobieren*

a) $m + 3m = 60$; $4m = 60 \rightarrow m = 15$
   Ihre Mutter ist 45 Jahre alt.
b) $x + 2 = y$; $x + 5 = z$; $x + y + z = 91$; $x + x + 2 + x + 5 = 3x + 7 = 91 \Leftrightarrow 28 = x$
   In der 8a sind 28 Schüler. In der 8b sind 30 Schüler. In der 8c sind 33 Schüler.

$\boxed{8}$ *Passende Geschichten finden*

a) Zu der Gleichung passen die erste und die zweite Geschichte.
b) Schüleraktivität.

$\boxed{9}$ *Bilder helfen beim Übersetzen in eine Gleichung*

a) $(x + 3) + (x + 3) + x = 24\,cm$
   $3x + 6 = 24\,cm$
   $x = 6\,cm$
   Die Basis ist 6 cm lang.
b) x: Anzahl der Schüler der Klasse 8b
   $5 + \frac{x}{3} + \frac{x}{2} = x \Leftrightarrow x = 30$
   Es sind 30 Schüler in der 8b.

$\boxed{10}$ *Lösen mit Grafik – Training*

a) $3x + 1 = 22$, Lösung $x = 7 \rightarrow$ Dazu passt (2)
b) Lutz: x, Erik: $x - 2$, Reinald: $x + 3 \rightarrow x + x - 2 + x + 3 = 16 \Leftrightarrow 3x + 1 = 16 \Leftrightarrow x = 5$
   Lutz hat 5 Tore, Erik hat 3 Tore und Reinald hat 8 Tore geschossen. $\rightarrow$ Dazu passt (1)
c) $3 + x = 16 \Leftrightarrow x = 13 \rightarrow$ Dazu passt (3)

153

11 *Rätsel: Alter von Geschwistern, eine Schachtel, Dosen und eine Rechnung*

a) Alter von Jutta heute: x

Alter von Jutta in 8 Jahren: x + 8

Alter von Moritz heute: 2x

Alter von Moritz in 8 Jahren: 2x + 8

$(2x + 8) + (x + 8) = 40 \Leftrightarrow x = 8$

Moritz ist heute 16, Jutta 8 Jahre alt.

b) $4 \cdot x + 2 \cdot 36{,}5 + 6 \cdot 23{,}5 = 318 \Leftrightarrow x = 26$

Die Schachtel ist 26 cm breit.

c) x: Gewicht einer Dose in g

$2x + 50 = 4x + 30 \Leftrightarrow x = 10$

Eine Dose wiegt 10 g.

d)

Frucht	Menge	Preis/kg	Kosten
Orangen	3 kg	0,85 €	2,55 €
Äpfel	4 kg	1,10 €	4,40 €
Kirschen	2 kg	1,36 €	2,72 €
		Summe:	9,67 €

12 *Ein Dreieck, ein Basketballspiel und eine Pflanze*

a) x: Größe Winkel α, β = 3 · x, γ = x − 20

$x + 3 \cdot x + (x − 20) = 180 \Leftrightarrow x = 40$

$\Rightarrow \alpha = 40°, \ \beta = 120°, \ \gamma = 20°$

b) x: Trefferzahl von Nora

$x + (x + 6) + \frac{x}{2} = 56 \Leftrightarrow x = 20$

Nora hatte 20 Treffer, Kristin 26, Rebecca 10.

c) x: Preis des Topfes in €

$x + (x + 2) = 12{,}50 € \Leftrightarrow x = 5{,}25 €$

Der Topf kostet 5,25 €, die Pflanze 7,25 €.

13 *Wovon kann man ausgehen?*

a) x: ursprüngliche Anzahl der Pferde

$x + 33 = 4x$ Lösung: x = 11

Es waren 11 Pferde auf der Koppel.

b) x: Anzahl der Besucher am Anfang

$x − \frac{1}{3}x = 26$ Lösung: x = 39

Es waren anfangs 39 Besucher in der Ausstellung.

c) Schüleraktivität.

154

14 *Zwei Smartphonetarife*

a) Zunächst ist der Tarif T_2 billiger als T_1, ab 100 min ist der Tarif T_1 billiger als der Tarif T_2.

b) 20 €: $T_1 \rightarrow$ 0 Minuten

   $T_2 \rightarrow$ 10 Minuten

   35 €: $T_1 \rightarrow$ 50 Minuten

   $T_2 \rightarrow$ 70 Minuten

   60 €: $T_1 \rightarrow$ ca. 133 Minuten

   $T_2 \rightarrow$ 120 Minuten

c) Bei 100 Gesprächsminuten, vgl. a).

d) $T_2(x) = 0{,}5x$. Durch Einsetzen der gefundenen Werte aus b) in die Zuordnungsvorschriften, werden die Werte bestätigt.

154 **15** *Wo steckt der Fehler?*

a) Einsetzprobe: $6 + 36 = 42, 5 \cdot 6 = 30 \rightarrow$ Fehler
   neue Lösung: $x = 9$
   (Damit wieder Einsetz- und Problemprobe $\rightarrow$ stimmt.)

b) Einsetzprobe: $7 + 14 + 5 = 26 \rightarrow$ stimmt
   Problemprobe: $a = 7\,cm$, $b = 14\,cm$, $c = a + 2 = 9\,cm \rightarrow 7 + 14 + 9 = 30 \rightarrow$ Fehler

c) Einsetzprobe: $0{,}4 \cdot 80 - 20 = 12 \rightarrow$ stimmt.
   Problemprobe: $0{,}4 \cdot 80 = 32$ das hieße, die Kerze wäre um $32\,cm$ heruntergebrannt,
                          sie war aber nur $20\,cm$ lang $\rightarrow$ Fehler
   neue Gleichung: $20 - 0{,}4 \cdot x = 12$
   Lösung: $x = 20$

Kopfübungen

1. 80
2. $E(0\,|\,1)$, $S(2\,|\,1)$
3. a) 3   b) 2,5
4. $0{,}0015\,m^3$
5. $-101, -100, -99$
6. Wiesenrispe$(B) = 20\,\%$, Anteil in $20\,kg$ Mischung $= 4\,kg$
7. 800

155 **16** *Eine der ältesten Algebraaufgaben*

Einsetzprobe: $16\frac{5}{8} + \frac{1}{7} \cdot 16\frac{5}{8} = \frac{133}{8} + \frac{19}{8} = 19$ stimmt

17 *Rupien und Pferde*
x: Preis eines Pferdes (in Rupien)
$6x + 300 = 10x - 100$ Lösung: $x = 100$
Ein Pferd ist 100 Rupien wert.

18 *Ein Edelmann und seine Pferde*
x: Anzahl der Pferde
$(x - 3) : 2 = \frac{1}{4} \cdot (x - 3) + 2$ Lösung: $x = 11$
Der Edelmann besitzt 11 Pferde.

5.2 Gleichungen lösen mit systematischem Probieren

156 **1** *Muster in Tabellen*

a)

x	$T_1(x)$	$T_2(x)$
4	0	3
5	2	2

b) (1) $x = 4$
   (2) $-4x = 8$; $x = -2 \rightarrow$ Tipp 2
   (3) $4x = 10$; $x = 2{,}5 \rightarrow$ Tipp 1
   (4) $3x = 24$; $x = 8$

156 **2** *Lösen mit Grafik*

a)

x	2x − 3	9 − x
0	− 3	9
1	− 1	8
2	1	7
3	3	6
4	5	5

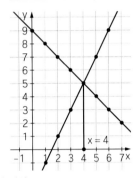

b) (1)

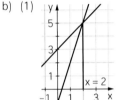

$x = 2$

(2)

$x = -3$

(3)

$x = \frac{3}{2}$

157 **3** *Ein Autoverleih*

a) Bei Tarif A muss man 100 km fahren, damit die Kosten gleich denen von Leihcar sind.
Bei Tarif B muss man 200 km fahren, damit die Kosten gleich denen von Leihcar sind.
Tarif C und D sind immer teurer als Leihcar.

b) Leihcar = $T_3(x)$
Tarif A = $T_4(x)$ → Tarif A = Leihcar ⇔ $0,1x + 10 = 0,2x$;
Tarif B = $T_1(x)$ → $0,15x + 10 = 0,2x$
Tarif C = $T_7(x)$ → $0,2x + 10 = 0,2x$
Tarif D = $T_8(x)$ → $0,25x + 10 = 0,2x$

c)

Strecke x in km	Tarif A	Tarif B	Tarif C	Tarif D	Leihcar
0	10	10	10	10	0
20	12	13	14	15	4
40	14	16	18	20	8
60	16	19	22	25	12
80	18	22	26	30	16

Tarif A: $x = 100$
Tarif B: $x = 200$
Tarif C: kein Schnittpunkt (gleiche Steigung / parallel)
Tarif D: $x = -200$ → negative Kosten

158

4 *Training*
a) $x = 3$ b) $x = 6$ c) $x = -\dfrac{4}{3}$ d) $x = 3$ e) $x = -24$ f) $x = 12$

5 *Bedeutung von Tabelleneinträgen*
a) Die dritte Gleichung gehört zu der Tabelle.
b) Markierte Zahl: $9 = T_2(2) = (-2) \cdot 2 + 13$
   Mittlere Spalte: Wert des Terms $T_1(x)$ für $x = 1, ..., 6$
   Fünfte Zeile: Setzt man für x den Wert 5 ein, so erhält man: $T_1(5) = 10$ und $T_2(5) = 3$
   Aussage über die Lösung mithilfe der Tabelle: Der Schnittpunkt liegt zwischen den
   Werten 3 und 4.
c) $x = 3{,}6$

6 *Eine grafische Lösung*
a) Linke Seite: A, C; Rechte Seite: B, D
b) Zur grafischen Lösung werden Geraden durch jeweils die zwei Punkte gezeichnet, die
   zur gleichen Seite der Gleichung gehören. Die Lösung wird dann durch Bestimmung des
   Schnittpunkts der beiden Geraden bestimmt: $x = 1$

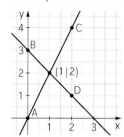

159

7 *Terme und Grafiken*
(W) zu (I): Lösung $x = 8$; Probe: $4 - 1 = 3 \to$ stimmt
(N) zu (D): Lösung $x = 0$; Probe: $0 = 0 \to$ stimmt
(O) zu (W): Lösung $x = 3$; Probe: $-1 = 3 - 4 = -3 + 2 = -1 \to$ stimmt

8 *Tabellen und Grafiken*
a) (1) gehört zur ersten Grafik, $x = -0{,}5$
   (2) gehört zur dritten Grafik, $x = 8$
   (3) gehört zur zweiten Grafik, $x = 6$
b) (1) $T_1(x) = 3 - x$ und $T_2(x) = 4 + x$
   (2) $T_1(x) = 5 - \dfrac{1}{2}x$ und $T_2(x) = -7 + x$
   (3) $T_1(x) = 13 - x$ und $T_2(x) = -5 + 2x$

160

9 *Training mit dem GTR*
a) $x = 0{,}75$ b) $x = 0{,}6$

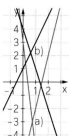

160

9 c) $x = 48$ d) $x = 2,3$

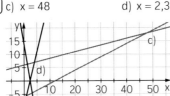

e) $x = 1$ f) $x = 0,375$

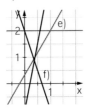

10 *Seltsame Gleichungen 1*

Dirks Gleichung besitzt keine Lösung, da seine zwei Funktionen parallel verlaufen und somit keinen Schnittpunkt besitzen.

Die zwei Graphen bei Fenjas Gleichung sind identisch. Daher gibt es unendlich viele Lösungen für die Gleichung.

Argumentation durch Tabelle: Bei Dirk sieht man, dass die Y_1- und Y_2-Werte immer eine Differenz von 2 haben. Das bedeutet, die Graphen besitzen die gleiche Steigung.

Die Graphen sind parallel.

Bei Fenja: Die Y_1- und Y_2-Werte sind identisch. Somit ist jeder Y-Wert eine Lösung für die Gleichung.

11 *Sonderfälle?!*

a) $3x - 12x = 8 - 12x$;

Die beiden Graphen sind parallel und es gibt keine Lösung. → Fall A

b) $4x - 6 = 4x - 6$ (ausmultipliziert);

Die beiden Graphen sind identisch. Sie besitzen unendlich viele Lösungen. → Fall B

c) $\frac{2}{3}x - 3 = \frac{5}{8} + 1 \Leftrightarrow \frac{16}{24}x - 3 = \frac{15}{24}x + 1$ → Kein Sonderfall. Lösung: $x = 96$

161

12 *Eine Schnecke und ein Käfer*

a) $h_1(t) = 0,5 \cdot t$ beschreibt die Bewegung der Schnecke und $h_2(t) = 15 - 2 \cdot t$ beschreibt die Bewegung des Käfers.

b) Nach 6 Sekunden und 3 cm vom Startpunkt der Schnecke aus entfernt begegnen sie sich.

c) Die neue Funktion vom Käfer sieht wie folgt aus: $h_2(t) = 19 - 2 \cdot t$. Der Käfer läuft in einer Sekunde 2 cm abwärts. Zwei Sekunden später starten entspricht 4 cm weiter oben loslaufen. Sie treffen sich dann nach 7,6 Sekunden.

13 *Flatrate oder nicht?*

Gleichung: $5 + 0,15x = 9,95$ → Ab $x = 33$ Minuten rentiert sich die Flatrate von Intercom.

14 *Ein Zahlenrätsel und ein geometrisches Rätsel*

(1) $5x - 27 = 3(x + 1) \Rightarrow x = 15$

(2) $x =$ Länge der kürzeren Seite; $2x + 2 \cdot (x + 4) = 72 \Leftrightarrow 4x + 8 = 72 \Rightarrow x = 16$

Flächeninhalt: $16\,cm \cdot 20\,cm = 320\,cm^2$

161 15 *Auf dem Bauernhof*

(1) x = Anzahl von Vögeln, $x - 5 = \frac{3}{4}x \Leftrightarrow \frac{1}{4}x = 5 \Leftrightarrow x = 20$

(2) x = Anzahl von Kaninchen; y = Anzahl von Hühnern

$$\begin{aligned} x + y &= 80 \\ 4x + 2y &= 180 \end{aligned} \rightarrow y = 80 - x \rightarrow 4x + 2 \cdot (80 - x) = 180 \rightarrow x = 10,\ y = 70$$

Kopfübungen

1. Die Ergebnisse lauten: $\frac{1}{4}$; 1; 1; 0 $\rightarrow$ Reihenfolge: 0; $\frac{1}{4}$; 1; 1
2. Zwei Rechtecke oder zwei Dreiecke (diagonal geteilt).
3. 4 Liter
4. Oberfläche: $54\,cm^2$; Volumen: $27\,cm^3$
5. a) durch Null darf nicht geteilt werden   b) 0   c) 1   d) -12
6. Ändere 20 zu 15.
7. Jeder muss dann 10 € bezahlen.

162 16 *Manchmal geht es nur ungenau*

a) Y_1-Werte steigen, wenn x größer wird. Y_2-Werte fallen, wenn x größer wird. Daher ist der Schnittpunkt in der Nähe von $x = 1,5714$. Der Schnittpunkt liegt bei $x = 1,571428571428... = \frac{11}{7}$. Eine solche Lösung kann man meist nicht durch eine Tabelle finden. Sehr hoher Detaillierungsgrad ist notwendig. Mittels der Grafik kann man die exakte Lösung nicht ablesen. In der Tabelle müsste man nun die 5te, 6te etc. Kommastelle betrachten.

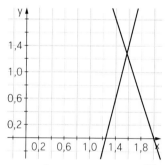

b) (1) $x = \frac{1}{3} \approx 0,333$ (2) $x = \frac{53}{11} \approx 4,8181$ (3) $\frac{-19}{6} \approx -3,167$ (4) $x = \frac{10}{13} \approx 0,769$

17 *Seltsame Gleichungen 2*

a) Gleichungen sind parallel $\rightarrow$ keine Lösung
b) identische Funktionen $\rightarrow$ unendlich viele Lösungen
c) $x = 200$ (ähnliche Funktionssteigung, unterschiedlicher y-Achsen-Wert $\rightarrow$ hoher x-Wert)
d) $x = 0$ (ähnliche Funktionen)
e) $x = 1100$
f) $x = 15\,200$ (sehr unterschiedliche y-Achsen-Werte, ähnliche Funktionssteigung)

162 | **18** *Seltsame Gleichungen 3*

a) Zwei Schnittpunkte: $x_1 = -1$ und $x_2 = 3$

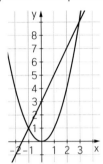

b) Zwei Schnittpunkte: $x_1 = -1$ und $x_2 = 2$

c) Zwei Schnittpunkte: $x_1 = -2$ und $x_2 = 2$

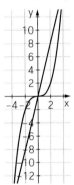

d) Drei Schnittpunkte $x_1 = -1$; $x_2 = 0$ und $x_3 = 3$

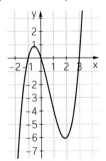

19 *Ein wertvolles Gemälde*

Kerze 1 → $K_1(t) = 32 - 4t$ und Kerze 2 → $K_2(t) = 20 - 2t$

Somit: $32 - 4t = 20 - 2t \Leftrightarrow t = 6$. Das Gemälde wurde um 16.00 Uhr gestohlen.

5.3 Gleichungen lösen mit Äquivalenzumformungen

163

1 *Gleichung lösen – zwei Modelle*

a) Dem Entfernen von einer Kiste auf jeder Schale entspricht das Subtrahieren von 1 x auf jeder Seite der Gleichung.
Dem Entfernen einer Kugel entspricht die Subtraktion der Zahl 1.
x: Gewicht einer Kiste
1: Gewicht einer Kugel

b) (1) Entferne 1 Kiste auf jeder Schale.
    ↔ Subtrahiere 1 x auf jeder Seite: $2x + 5 = 7$
(2) Entferne 5 Kugeln auf jeder Schale.
    ↔ Subtrahiere 5 auf jeder Seite: $2x = 2$
(3) Wenn 2 Kisten mit 2 Kugeln im Gleichgewicht sind, dann auch 1 Kiste und 1 Kugel.
    ↔ Dividiere auf beiden Seiten durch 2: $x = 1$

c) (1) $4x + 3 = 2x + 5$ auf beiden Seiten 2 x subtrahieren
      $2x + 3 = 5$ auf beiden Seiten 3 subtrahieren
          $2x = 2$ beide Seiten durch 2 dividieren
           $x = 1$
(2) $5x + 2 = 3x + 6$ Lösung: $x = 2$
(3) $x + 7 = 4 + 4x$ Lösung: $x = 1$

164

2 *Umkehroperationen, ein weiterer Weg zur Lösung einer Gleichung*

(1) $19 - 4 = 15$ und $15 : 3 = 5$, die gesuchte Zahl ist 5.
(2) $8 + 7 = 15$ und $15 : 5 = 3$, die gesuchte Zahl ist 3.
(3) $3 + 4 = 7$ und $7 : 1 = 7$, die gesuchte Zahl ist 7.
(4) $9 - 4 = 5$ und $5 : 5 = 1$, die gesuchte Zahl ist 1.

3 *Wenn das Waagemodell versagt*

a) Man kann bei (1) keine „– 2" Kugeln und bei (2) keine „– 1" Kiste auf der Waage darstellen.

b) (2) $2x + 4 = -x + 7$ auf beiden Seiten 4 subtrahieren
       $2x = -x + 3$ auf beiden Seiten 1 x addieren
         $3x = 3$ auf beiden Seiten durch 3 dividieren
          $x = 1$

4 *Überführen in eine einfachere Gleichung*

$x - 3 = 5$	Addiere die Zahl 3 auf beiden Seiten	$x = 8$
$\frac{1}{2}x = 3$	Multipliziere auf beiden Seiten mit 2	$x = 6$
$4x = 12$	Dividiere auf beiden Seiten durch 4	$x = 3$
$2x = x + 1$	Subtrahiere auf beiden Seiten den Term 1 x	$x = 1$

5 *Gleiche Lösung oder nicht?*

a) 1. Gruppe: 2. Gruppe: 3. Gruppe:
   $\frac{1}{3} \cdot x = 27$ $8x + 20 = 260$ $2x + 16 = x + 32$
      $x = 81$ $8x = 240$ $x + 16 = 32$
                          $x = 30$ $x = 16$

b) Man gelangt mithilfe der (hier systematisierten) Umformungen von einer schwierigen zur nächst einfacheren Gleichung.

166

6 *Äquivalente Gleichung gegeben – Äquivalenzumformung gesucht*

a) $\xrightarrow{-7}$ b) $\xrightarrow{:5}$ c) $\xrightarrow{\cdot 5}$ d) $\xrightarrow{-x}$ e) $\xrightarrow{-\frac{1}{2}x}$ f) $\xrightarrow{+x}$

7 *Gleichung lösen mit Waage*

a) $2x + 5 = x + 8$ Lösung: $x = 3$
b) $3x + 12 = x + 17$ Lösung: $x = 2{,}5$
c) $3x + 30 = x + 80$ Lösung: $x = 25$

8 *Äquivalenzumformung gegeben – äquivalente Gleichung gesucht*

a) $5x - 3 = -23 \xrightarrow{+3} 5x = -20 \xrightarrow{:5} x = -4$
 Probe: $5 \cdot (-4) - 3 = -23$ stimmt

b) $4x + 9 = 1 \xrightarrow{-9} 4x = -8 \xrightarrow{:4} x = -2$
 Probe: $4 \cdot (-2) + 9 = 1$ stimmt

c) $2x - 6 = x - 2 \xrightarrow{-x} x - 6 = -2 \xrightarrow{+6} x = 4$
 Probe: $2 \cdot 4 - 6 = 2$; $4 - 2 = 2$ stimmt

d) $2 - x = 6 - 2x \xrightarrow{+2x} 2 + x = 6 \xrightarrow{-2} x = 4$
 Probe: $2 - 4 = -2$; $6 - 2 \cdot 4 = -2$ stimmt

e) $5x + 1 = 4x + 7 \xrightarrow{-4x} x + 1 = 7 \xrightarrow{-1} x = 6$
 Probe: $5 \cdot 6 + 1 = 31$; $4 \cdot 6 + 7 = 31$ stimmt

f) $2 - x = 6 - 2x \xrightarrow{+2x} 2 + x = 6 \xrightarrow{-2} x = 4$
 Probe: $2 - 4 = 6 - 2 \cdot 4$; $-2 = 6 - 8$ stimmt

9 *Äquivalent oder nicht?*

a) äquivalent b) äquivalent
c) nicht äquivalent d) nicht äquivalent
e) nicht äquivalent f) nicht äquivalent (2. Gleichung ist nicht lösbar)

167

10 *Äquivalente Gleichungen aufschreiben*

a) $5x - 72 = 28$ $|+72$
   $5x = 100$ $|:5$
   $x = 20$

b) $46y - 73 = 21y + 27$ $|-21y$
   $25y - 73 = 27$ $|+73$
   $25y = 100$ $|:25$
   $y = 4$

c) $\frac{2}{5}m + 9 = \frac{1}{5}m + 15$ $|-\frac{1}{5}m$
   $\frac{1}{5}m + 9 = 15$ $|-9$
   $\frac{1}{5}m = 6$ $|\cdot 5$
   $m = 30$

11 *Training 1*

a) $x = 2$ b) $x = 2{,}4$ c) $x = -0{,}4$ d) $x = -3$ e) $x = 7$
f) $x = 3{,}5$ g) $x = 1$ h) $x = -10$ i) $x = -1$

12 *Äquivalenzumformungen rückwärts*

a) $6x - 34 = 14$
c) $2x - 27 = 18 - 3x$
e) $2x - 1 = 1{,}5x - 4$

b) $2x + 10 = 4x - 28$
d) $6x + 6 = 24 + 2x$

167 **13** *Wo steckt der Fehler?*
1. falsch → richtig: $x = 3 \cdot 2 = 6$
2. richtig
3. richtig
4. falsch → richtig: $x = 1 + 2 = 3$
5. falsch → richtig: $4 = 0{,}5\,x \Leftrightarrow x = 8$

14 *Gleichungen bauen*
Schüleraktivität.
Beispiele zu a):
einfache Gleichungen: $x - 3 = 0$, $-2x = -6$
kompliziertere Gleichungen: $3x - 5 = -2x + 10$, $4x + 9 = 7x$

168 **15** *Günstige Strategie*
a) Probe Sarah: $15 - 8 = 12 - 5 \Rightarrow 7 = 7$ stimmt
   Probe Lisa: 0,25 ist ungleich 9,25 → Fehler in der dritten Zeile: Es müssen alle
   Komponenten durch 4 dividiert werden.
b) Sarah hätte direkt $+8$ anstatt -12 und $+20$ rechnen können.

$$\begin{aligned} 3x - 8 &= 12 - x &&| +x \\ 4x - 8 &= 12 &&| +8 \\ 4x &= 20 &&| :4 \\ x &= 5 \end{aligned}$$

16 *Training 2*
a) (1)
$$\begin{aligned} 39 + x &= 144 - 2x &&| +2x \\ 39 + 3x &= 144 &&| -39 \\ 3x &= 105 &&| :3 \\ x &= 35 \end{aligned}$$

(2)
$$\begin{aligned} 5 + 5x &= -25 - 3x &&| +3x \\ 5 + 8x &= -25 &&| -5 \\ 8x &= -30 &&| :8 \\ x &= -3{,}75 \end{aligned}$$

(3)
$$\begin{aligned} 6x - 30 &= 110 - 4x &&| +4x \\ 10x - 30 &= 110 &&| +30 \\ 10x &= 140 &&| :10 \\ x &= 14 \end{aligned}$$

b) Schritt 1 und 2:
 – gleichen Term auf beiden Seiten addieren / subtrahieren
 – gleiche Zahl auf beiden Seiten addieren / subtrahieren
Schritt 3:
 – beide Seiten mit der gleichen Zahl multiplizieren
 – beide Seiten durch die gleiche Zahl dividieren
Schritt 1 und 2 sind vertauschbar.
Prinzipiell sind alle Schritte miteinander vertauschbar; allerdings lässt
sich der „passende" Schritt 3 nicht an jeder Gleichung erkennen und ein
Vorziehen von Schritt 3 ist oft aufwändiger zu rechnen.

17 *Gleichungen aufstellen bei geometrischen Figuren*
a) $2 \cdot x + 2 \cdot 4 = 14$ Lösung: $x = 3$
b) $x + 19 + 2x = 40$ Lösung: $x = 7$
   Die Seitenlängen sind 7 cm, 14 cm und 19 cm.
c) $(x + 10) + (x + 8) + (x + 6) + 3 = 49$ Lösung: $x = 7\frac{1}{3}$

   Seitenlängen: 3 cm, $17\frac{1}{3}$ cm, $15\frac{1}{3}$ cm und $13\frac{1}{3}$ cm.
d) $(x + 2) + 4 + x + (x - 1) + (x + 3) = 26$ Lösung: $x = 4{,}5$
   Seitenlängen: 6,5 cm; 4 cm; 4,5 cm; 3,5 cm und 7,5 cm.

168 **18** *Termmauern*
    a) $(28 + x) + (x + 2) = 40$ Lösung: $x = 5$
    b) $(3 + x) + (x + 5) = 20$ Lösung: $x = 6$
    c) $(12 + 16) + (16 + x) = 12x$ Lösung: $x = 4$

169 **19** *Zwei Sorten Tomaten – ein einfaches Wachstumsmodell*
    t: Anzahl der Wochen
    $48 + 6 \cdot t = 24 + 8 \cdot t$ Lösung: $t = 12$
    Nach 12 Wochen haben die Pflanzen die gleiche Höhe (120 cm).

20 *Ein Buch, eine Familie, ein Garten und ein Lastwagen*
    a) x: Anzahl der am ersten Tag gelesenen Seiten
        $x + (x + 10) + (x + 20) + (x + 30) + (x + 40) = 250$ Lösung: $x = 30$
        Tom hat am 1. Tag 30 Seiten, am 2. Tag 40 Seiten, am 3. Tag 50 Seiten,
        am 4. Tag 60 Seiten und am 5. Tag 70 Seiten gelesen.
    b) x: Alter des jüngsten Kindes
        $x + 5 = 2 \cdot x$ Lösung: $x = 5$
        Die Kinder sind 5, $7\frac{1}{2}$ und 10 Jahre alt.
    c) $20 \cdot (18 + x) = 600$ Lösung: $x = 12$
        Jeff muss den Garten um 12 m verlängern.
        Die Aufgabe könnte auch ohne Gleichungsansatz in z. B. folgenden Schritten gelöst
        werden: Der Garten ist 360 m² groß, es fehlen noch 240 m² zur gewünschten Größe.
        Bei einer Seitenlänge von 20 m muss die andere Seite dann 12 m betragen.
    d) $(38\,500 - x) + (43\,500 - x) = 50\,000$ Lösung: $x = 16\,000$
        Der Lkw wiegt leer 16 000 kg.

Kopfübungen

1. 1,5
2. $Q(5|-2)$
3. 1,25 l
4. 150 mm²
5. -125
6. a) Kleinste Anzahl: 2011 mit ca. 30 Tornados
   b) $(42 + 48 + 45 + 30 + 35) : 5 = 40$
7. Die Spitzengeschwindigkeit wird nicht von der ersten Sekunde bis zur letzten gehalten.
   Die Durchschnittsgeschwindigkeit könnte proportional gerechnet werden.

170 **21** *Zwei seltsame Rätsel*
    a) Mögliche Erklärungen von Schülern:
        Fall A: Da kommt etwas Falsches heraus, da muss an der Ausgangsgleichung auch
                  schon etwas nicht stimmen.
        Fall B: Das Ergebnis ist richtig, aber es kommt kein x mehr vor. Dann ist egal für welches
                  x ich die Gleichung prüfe.
        Bei Fall A ist die Waage nie im Gleichgewicht: auf beiden Schalen sind 3 Kisten ($\rightarrow$ x),
        aber auf der linken 2 Kugeln mehr als auf der rechten.
        Egal wie schwer die Kisten sind ($\rightarrow$ Wert von x), links ist immer mehr auf der Schale.
        Bei Fall B sind auf jeder Schale 5 Kisten und 10 Kugeln, diese sind nur unterschiedlich
        aufgelegt. Daher herrscht immer Gleichgewicht.

170   **21** b) Tabelle:

x	3x + 7	5 + 3x
−1	4	2
2	13	11
0,5	8,5	6,5

x	10 + 5x	(x + 2)·5
−1	5	5
2	20	20
0,5	12,5	12,5

Bei Fall A ist die linke Seite (3x + 7) immer um 2 größer als die rechte (5 + 3x).

Bei Fall B kommt immer auf beiden Seiten das Gleiche raus.

Grafik:

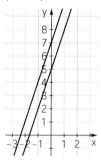

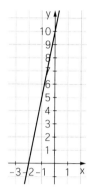

22 *Allgemeingültig oder Unlösbar*
a) 5 = 6 → Fall A: unlösbare Gleichung
b) 4x = 4x → Fall B: allgemeingültige Gleichung
c) 3x + 6 = 3x + 6 → Fall B: allgemeingültige Gleichung

5.4 Rechnen mit Termen

171   **1** *Zahlenraten*
a)

x	x + 5	(x + 5)·3	(x + 5)·3 − 15
2	7	21	6
5	10	30	15
27	32	96	81
2,4	7,4	22,2	7,2
−2	3	9	−6

b) In der letzten Spalte steht immer das Dreifache der gedachten Zahl.
   Dies kann man dem Term ansehen: $(x + 5) \cdot 3 − 15 = x \cdot 3 + 5 \cdot 3 − 15 = 3 \cdot x$

2 *Bekannte Gesetze in neuem Kleid*
a) (1) Kommutativgesetz der Addition   (KG +)
   (2) Distributivgesetz(DG)
   (3) Assoziativgesetz der Multiplikation   (AG ·)
   (4) Kommutativgesetz der Multiplikation   (KG ·)
   (5) Distributivgesetz(DG)
   (6) Assoziativgesetz der Addition   (AG +)
b) (1) KG +   (2) DG (Klammer auflösen)
   (3) AG +   (4) KG ·
   (5) AG +   (6) DG (ausklammern)
   (7) KG +   (8) DG (Klammer auflösen)

172

3 *Eine Fläche – vier Terme*

a) (1) Nicole, (2) Oskar, (3) Mathias, (4) Theresa

b)

x	12 m	8 m	10 m
Fläche	112 m²	72 m²	92 m²

c) Mathias Term ist der einfachste.
Alle Terme lassen sich auf $10x - 8$ vereinfachen.

4 *Terme haben einen Namen.*

a) (1) Produkt

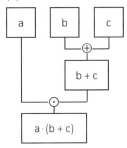

(2) Differenz

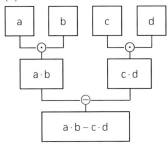

(3) Quotient

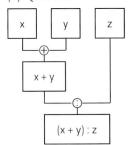

172 ④ (4) Quotient

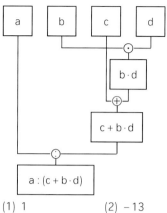

b) (1) 1   (2) − 13   (3) 2   (4) − 0,25

174 ⑤ *Begründen mit Gesetzen*
 a) gleichwertig (KG +)
 b) nicht gleichwertig (KG gilt nicht bei Subtraktion)
   Beispiel: $1 - 7 = -6$ aber $7 - 1 = 6$
 c) gleichwertig (Zusammenfassen)
 d) nicht gleichwertig (Beispiel: $6 \cdot 1 - 6 = 0 \neq 6$)
 e) gleichwertig (AG ·)
 f) nicht gleichwertig (Beispiel: $9 \cdot (1 + 1) = 18$, $9 + 1 = 10$)
 g) gleichwertig (AG +, Ordnen, Zusammenfassen)
 h) gleichwertig (DG)
 i) gleichwertig (AG +)
 j) gleichwertig (DG)

⑥ *Namen*
 a) Summe

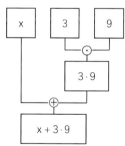

 b) Summe

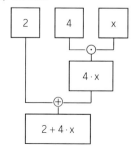

174 **6** c) Produkt

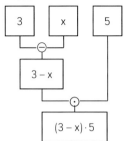

d) Summe

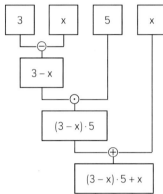

e) Summe (Lösung im Buch)
f) Differenz

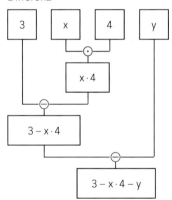

7 *Geschichten zum Distributivgesetz*
1) $0,2 \cdot x$ 2) $0,2 \cdot x + 0,3 \cdot x = 0,5 \cdot x$

8 *Weitere Geschichten zum Distributivgesetz*
x entspricht dem Preis einer Kinokarte.
y entspricht der Anzahl der wartenden Kinder.
z entspricht der Anzahl der Kinder, die zu spät kommen.
Zur Geschichte 1 passt der Term: $x \cdot (y + z)$
Die Geschichte 2 passt zum Term: $x \cdot y + x \cdot z$

175

9 *Volumenänderung eines Quaders*
Das Volumen vergrößert sich um das 12fache.
Erster Term: die Seiten werden verdoppelt (mal 2) und die Höhe verdreifacht (mal 3).
Zweiter Term: Distributivgesetz der Multiplikation
Dritter Term: Berechnung der ersten Klammer im zweiten Term
Die Terme sind gleichwertig.

10 *Term für einen Dreiecksumfang*
$U(x) = 11x - 2$

x	$4x - 3$	$5x - 2$	$2x + 3$	Summe	$U(x) = 11x - 2$
1	1	3	5	9	9
2	5	8	7	20	20
2,5	7	10,5	8	25,5	25,5
5	17	23	13	53	53

176

11 *Vereinfachen*
a) $36ab$ b) $2,5xy$ c) $2x^2y^2$ d) $-18ab$
e) $21xy$ f) $-x^2y$ g) $18x^3y^2$ h) x^2y^2

12 *Erklären mit Bild*
Das Rechteck ist $2y$ breit und $3x$ lang. Es besteht aus $6xy$-Flächen. Geht man ein x lang und ein y hoch, erhält man xy (wie bekannt). Daher kann die Multiplikation bei 2 Variablen als Flächeninhaltsberechnung ansehen werden und bei 3 Variablen als Volumenberechnung.

13 *Einfache Terme erzeugen*
a) $10a$ b) $2x + 2$ c) $2a + b$
    $9y$ $2,5x + 3,5$ $3a + 9b$
    $9b$ $8y + 8$ $x + 2y$
    $6x$ a $x + 8$
    $0,4t$ $12a + 12$ $5b - 5a$

14 *Lücken füllen*
a) $26a + \mathbf{2a} - 18a = 10a$ b) $4ab - 2\mathbf{ac} + 3ac - \mathbf{3ab} = ab + ac$
c) $4x^2 - 3\mathbf{x^2} = x^2$ d) $2ab + \mathbf{5b} - \mathbf{2ab} = 5b$
e) $7xy - 2x\mathbf{z} + 3xy + \mathbf{7xz} = 10xy + 5xz$

15 *Fehler finden*
a) Bei der Addition dürfen nur gleichwertige Terme zusammengefasst werden:
    $4a + 3b + 2b = 4a + 5b$
b) x darf nicht subtrahiert werden.
c) Beim Subtrahieren dürfen nur gleichwertige Terme zusammengefasst werden.

16 *Einer passt nicht*
a) Die mittlere Figur passt nicht (Punkt auf der falschen Seite).
b) Der Term $2x + 1$ passt nicht. Alle anderen Terme lassen sich zu $2x + 2$ umformen.
    Es könnte auch der Term $2x + 2$ nicht passen, da alle anderen Terme jeweils die
    Zeichen 1, 2 und x besitzen.

177 **17** *Ausmultiplizieren*
a) $30 + 10a$ b) $7x + 7$ c) $8a + 6b$ d) $3x^2 + 6xy$
e) $2ab + 3ac$ f) $2a - 3b$ g) $6a + 2{,}5b$ h) $6a^2 + 0{,}5a$

18 *Lücken füllen*
a) $0{,}5 \cdot (\mathbf{2}x + y) = x + 0{,}5y$ b) $12ab - \mathbf{6b} = 3b \cdot (4a - 2)$
c) $\mathbf{3v} \cdot (2u + v) = 6uv + \mathbf{3}v^2$ d) $c \cdot (\mathbf{3a} + (-\mathbf{a}b)) = 3ac - abc$

19 *Äquivalente Terme*
1) $xy + xz = x \cdot (y + z)$
2) $3 \cdot (x - 1) = 3x - 3$
3) $0{,}5y \cdot (x - 4) = 0{,}5xy - 2y$

20 *Ausmultiplizieren und zusammenfassen*
a) $8 \cdot (x + 5) + 2x = 8x + 40 + 2x = 10x + 40$
b) $5a + 3 \cdot (4 + a) - 10 = 5a + 12 + 3a - 10 = 8a + 2$
c) $\frac{(2a + 2b)}{2} - a = a + b - a = b$
d) $2 \cdot (x - 7) + 3 \cdot (2 + x) = 2x - 14 + 6 + 3x = 5x - 8$
e) $3 \cdot (x + 6) + 2 \cdot (x - 9) = 3x + 18 + 2x - 18 = 5x$
f) $4 + \frac{1}{2} \cdot (6x + 8) - 3x - 5 = 4 + 3x + 4 - 3x - 5 = 3$

21 *Umfänge*
(1) passt zu c) und d)
(2) passt zu b) und g)
(3) passt zu a) und f)
(4) passt zu e) und h)

22 *Terme für den Flächeninhalt*
a) $4 \cdot x + 3 \cdot 4 = 4 \cdot (x + 3)$
b) $b \cdot (6 - 2) + (b - 1) \cdot 2 = 6 \cdot b - 1 \cdot 2$
c) $5 \cdot (8 - x) + x \cdot (5 - 2) = 8 \cdot 5 - 2 \cdot x$

23 *Ein U-Profil*
Volumen des gesamten Profils: $abc - d^2c$
a) grau: $2d \cdot c \cdot b - d \cdot d \cdot c$ Gesamt: grau $+ d \cdot b \cdot c$
b) grau: $d \cdot c \cdot (b - d)$ Gesamt: grau $+ 2 \cdot (d \cdot b \cdot c)$
c) grau: $d \cdot c \cdot d$ Gesamt: grau $+ a \cdot b \cdot c - 2d \cdot d \cdot c$

178 **24** *Ein Zahlentrick – gedachte Zahl erraten*
Die vermutete Zahl entspricht dem fünffachen der ursprünglichen Zahl.
Begründung: $2 \cdot 5 = 10$ und es werden 10 subtrahiert.

4	0,75	−2	x
6	2,75	0	$x + 2$
30	13,75	0	$(x + 2) \cdot 5$
20	3,75	−10	$(x + 2) \cdot 5 - 10 = 5x$

25 *Drei Zahlentricks zum Zahlenraten*
a) Trick I: $(x + 12) \cdot 5 - 60 = 5x$
Trick II: $(x \cdot 2 + 20) \cdot 5 - 100 = 10x$
Trick III: $\big((x + 2x) \cdot 5 - 15\big) : 2 + 5 = 7{,}5x - 2{,}5$

178 **25** b) x → Multipliziere mit 5 → Subtrahiere 20 → Multipliziere mit 3 → Addiere 60
Das Ergebnis ist das 15-fache der gedachten Zahl:
$(x \cdot 5 - 20) \cdot 3 + 60 = 15x$
c) Sinnvolles Üben der Strategien aus a) und b).

26 *Termmauern 1*
a)

b)

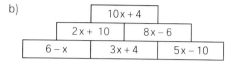

c) Eigenaktivität nach Beispiel von a) und b).

179 **27** *Fehlersuche*
a) falsch $(9 \neq 9x)$
b) falsch (DG nicht angewendet)
c) richtig
d) falsch (DG nicht angewendet)
e) falsch (falsch zusammengefasst, statt „+x" wurde „–x" gerechnet)
f) falsch (DG nicht angewendet)
g) falsch (a + b kann man nicht zusammenfassen, a + b ≠ a b)
h) falsch („–n" vergessen)

28 *Ein Dreieck und ein Quadrat*
$4 \cdot 3 \cdot (x + 2) = 2 \cdot 7x + 2 \cdot (x + 6)$ Lösung: x = 3
Seitenlänge des Quadrats: $3 \cdot (3 + 2) = 15$
Basis des Dreiecks: $2 \cdot (3 + 6) = 18$
Seiten des Dreiecks: $7 \cdot 3 = 21$

29 *Ein Rechteck*
a) Umfang: $8a + 4a + 4 = 12a + 4$ Flächeninhalt: $8a^2 + 8a$
b) Umfang: $4a + 2a + 2 = 6a + 2$ Flächeninhalt: $2a \cdot (a + 1) = 2a^2 + 2a$

30 *Zahlen gesucht*
a) $n + (n + 1) + (n + 2) = 2007$ Lösung: n = 668
b) $n + (n + 2) + (n + 4) + (n + 6) = 1972$ Lösung: n = 490
c) $n + (n + 2) + (n + 4) = 69$ Lösung: n = 21

31 *Termmauern 2*
a) Mauer 1: $3x + 13$ Mauer 2: $6x - 2$ Lösung: x = 5
b) Mauer 1: $6x + 20$ Mauer 2: $9x + 27$ Lösung: $x = \frac{-7}{3}$

180 **32** *Beweisen 1*
Die Bewertung ist gerecht. Corinna hat nur drei Beispiele überprüft, es könnte Zahlen
geben, mit denen es nicht klappt.
Yvonne hat die Aussage für alle natürlichen Zahlen bewiesen (→ Vorteil der Term-
darstellung: ein Term ist für alle n ∈ ℕ gültig).

33 *Beweisen 2*
$a = 3 \cdot x$ mit $x \in \mathbb{N}$ und $b = 3 \cdot y$ mit $y \in \mathbb{N}$ $\Rightarrow$ $\frac{(a + b)}{3} = \frac{(3 \cdot x + 3 \cdot y)}{3} = x + y \in \mathbb{N}$

180 **34** *Termmauern 3*

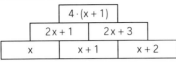

Eigenschaft des Terms an der Spitze: 4-fache der mittleren Zahl bzw. Zahl durch 4 teilbar.

35 *Termmauern 4*

a) Es fehlt für jede Addition eine Zahl. Beispiel für eine mögliche Zahlenmauer:

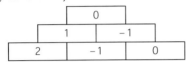

b) z.B.:

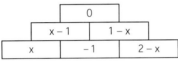 

Es muss gelten: $y = 1 - x$ bzw. $x + y = 1$

Kopfübungen

1. $\frac{69}{20}$
2. Rechteck
3. 21 000
4. 1 000 000 cm³
5. -1
6. 3
7. (1) Nein (2) Ja, wenn die Fläche gleichmäßig aufgeteilt wird.

181 **Term-Trainer**

0	x + 10	11x + 7y
2a + 10	5a − 3b	4y
8u + 16	3a	$-\frac{1}{2}x$

$$0x = 2 \cdot (x + 7) \cdot 6$$
$$+ 2 \cdot (x + 7) \cdot 4$$
$$+ 2 \cdot 6 \cdot 4$$
$$= 20x + 188$$

$$T(x) = (x - 7) \cdot 4 + 28$$
$$= 4 \cdot x$$

$$U(x) = 2x + 2 \cdot (x + 2)$$
$$= 4x + 4$$

$x = -16$

n: natürlich Zahl
$n + (n + 1) + (n + 2) + (n + 3) = 3 \cdot (n + 3)$
Lösung: $n = 3$

$x = -2,5$

$x = -2$

$3 \cdot (a - b) = 3a - 3b$

$$9x - 6 - 3x$$
$$= 6x - 6$$

$$(5 \cdot 3) \cdot x - x$$
$$= 15x - x$$
$$= 14x$$

Kapitel 6
Winkel und besondere Linien bei ebenen Figuren

Didaktische Hinweise

In diesem Kapitel geht es hauptsächlich um das Entdecken von Winkeln an ebenen Figuren und Beziehungen von Winkeln zueinander sowie um deren Verwendung. Bei einigen Beispielen werden jedoch auch räumliche Probleme angesprochen. In diesem Kapitel werden aufbauend auf Jahrgangsstufe 5 und 6 neue mathematische Sachverhalte vermittelt.

Der Lernabschnitt **6.1** *Winkel an Geradenkreuzungen* befasst sich mit den Winkelsätzen. Im Basiswissen werden die besonderen Winkel an Geradenkreuzungen sowie die Umkehrung von Stufen- und Wechselwinkelsatz erfasst.
In den Übungen wechseln sich Aktivitäten zum Auffinden von besonderen Winkeln, zum Berechnen von besonderen Winkeln, und Aussagen zur Parallelität von Geraden mithilfe der Winkelsätze ab. Außerdem wird an einigen Aufgaben die praktische Verwendungsmöglichkeit der Winkelsätze erfahrbar, z.B. an Problemen des Dachausbaus.
In einem abschließenden Exkurs geht es um die Anwendung des Wechselwinkelsatzes zur Positionsbestimmung beim Geocaching. Hier werden kreative Aspekte bei der Konstruktion der Winkel betont.

Im Lernabschnitt **6.2** geht es um *Winkel in Vielecken* und in diesem Zusammenhang natürlich um die Winkelsummensätze. Dabei steht anfangs das Dreieck im Vordergrund. Der Winkelsummensatz für das Dreieck ist deshalb auch Inhalt des roten Kastens im Basiswissen. Die Winkelsummensätze für andere Vielecke werden dann im Übungsteil erarbeitet, zum einen durch Entdeckungen an Parketten, zum anderen unter Verwendung des Winkelsummensatzes des Dreiecks. Außerdem finden sich einige Übungen, die zum Außenwinkelsummensatz am Dreieck und an anderen Vielecken führen.
Dieser Abschnitt schließt mit einem Projekt zu den Platonischen Körpern ab. Diese sollen als Kantenmodelle nachgebaut werden, dabei benötigt man bei der Konstruktion der Ecken die Fähigkeit, die Größe der Innenwinkel regelmäßiger Vielecke zu bestimmen.

In Lernabschnitt **6.3** dieses Kapitels werden besondere Linien in Dreiecken und ebenen Figuren behandelt. Der Fokus bei der Betrachtung dieser *Ortslinien* liegt dabei auf der Mittelsenkrechten, der Winkelhalbierenden und der Mittelparallelen. Neben der Betrachtung der allgemeinen Eigenschaften lassen sich dabei und im anschließenden Lernabschnitt **6.4** *Besondere Linien und Punkte im Dreieck* bereits interessante Beobachtungen anstellen, wie z.B. die Erkenntnis, dass sich die Winkelhalbierenden in einem Punkt schneiden und dass dieser Schnittpunkt der Winkelhalbierenden den Mittelpunkt des Inkreises bildet.

Abschließend wird im Abschnitt **6.5** *Geometrische Denkaufgaben* anhand von interessanten geometrischen Problemstellungen der Zusammenhang von verschiedenen Winkelsätzen aufgegriffen, um unbekannte Winkelgrößen in ebenen Figuren zu berechnen und verschiedene Aussagen zu Winkeln in Figuren zu überprüfen. Durch den hohen Anteil an Knobelaufgaben wirkt er auf die Schülerinnen und Schüler stark motivierend und gibt ihnen mit dem Basiswissen auf Seite 221 auch eine wichtige Strategie zum Lösen von geometrischen Problemaufgaben an die Hand. Dieser Abschnitt kann damit später auch losgelöst vom Kapitel zur Vorbereitung auf den Mathematik-Wettbewerb genutzt werden.

Lösungen

6.1 Winkel an Geradenkreuzungen

188 **1** *Winkel in Pflasterungen*
a) Man muss darauf achten, dass benachbarte Winkel immer zu 180° ergänzt werden. (Zeichnung siehe Schülerband)
b) 2
c) Schüleraktivität.

189 **2** *Bewegtes Parallelogramm*
Je nach Länge der gewählten Pappstreifen können ein Quadrat oder Rechteck aber auch Rauten bzw. Parallelogramme entstehen. Gegenüberliegende Winkel sind gleich groß und werden beim Verschieben der Seiten gleichermaßen verändert. Die Winkelsumme beträgt in allen Vierecken 360°.

3 *Straßenkreuzungen*
a) 131°
Die Verlängerung schließt mit der Bundesstraße ebenfalls einen 49° und einen 131° Winkel ein, nur vertauscht.
b) Die Angaben reichen bei der Hauptstraße aus, da die Winkel bei parallel zueinander verlaufenden Straßen gleich sind. Bei der Poststraße kann nur zu einer Querstraße eine parallel verlaufende Straße ermittelt werden.

191 **4** *Winkelpaare*
Scheitelwinkel: z. B. α_2, α_4
Nebenwinkel: z. B. α_2, α_1
Stufenwinkel: z. B. α_2, β_2
Wechselwinkel: z. B. α_2, β_4

5 *Winkelgrößen ohne Messen*
a) $\alpha = 145°$; $\beta = 35°$; $\gamma = 145°$; z.B.: α und β sind Neben-, α und γ Scheitelwinkel
b) $\alpha = 63°$; $\beta = 117°$; $\gamma = 63°$; z.B.: β und 117° bzw. α und γ sind Scheitelwinkel
c) $\alpha = 45°$; $\beta = 115°$; z.B.: α und 45° sind Scheitel-, α, β und 20° sind Nebenwinkel

6 *Geradenkreuzungen in unserer Umgebung*
a) / b) Schüleraktivität.,

7 *Winkelleine*
$\alpha_1 = 140°$, $\alpha_2 = 40°$, $\alpha_3 = 40°$, $\alpha_4 = 40°$, $\alpha_5 = 140°$
$\beta_1 = 80°$, $\beta_2 = 80°$, $\beta_3 = 100°$, $\beta_4 = 110°$, $\beta_5 = 110°$
Der Winkel 40° wird am häufigsten verwendet.

8 *Was ist hier passiert?*
Lukas scheint davon ausgegangen zu sein, dass die Winkel α und γ Wechselwinkel sind. Dies trifft aber nicht zu, da die blauen Geraden nicht zueinander parallel sind.

192 **9** *Winkeldetektiv*
a) $\alpha = 70°$ (Nebenwinkel), $\beta = 110°$ (Scheitelwinkel), $\gamma = 70°$ (Wechselwinkel)
b) $\alpha = 75°$ (Stufenwinkel), $\beta = 150°$ (Wechselwinkel)
c) $\alpha = 60°$ (Ergänzung), $\beta = 70°$ (Wechselwinkel)

192 **10** *Koordinatensystem*

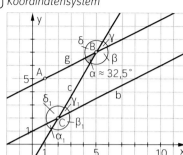

$\alpha + \beta = 180°$: $\beta = 147,5° = \beta_1$
$\alpha = \gamma = \gamma_1 = \alpha_1$
$\delta = \beta = \delta_1 = \beta_1$
Es genügt eine Messung!

11 *Sorgfältig gearbeitet?*
Anna hat nicht sorgfältig gezeichnet: Die beiden langen Seiten des Parallelogramms sind nicht parallel. Auch Michel ist ein Fehler unterlaufen. Er muss sich vermessen haben, denn $2 \cdot 62° + 2 \cdot 117° = 358° < 360°$

12 *Parallele Geraden*
a) Die Geraden sind nicht zueinander parallel. Für Parallelität müssen gleich große Wechselwinkel vorliegen, diese sind jedoch nicht gleich groß.
b) Die Geraden sind zueinander parallel, da die Nebenwinkel und Stufenwinkel gleich groß sind.

193 **13** *Steigungswinkel*

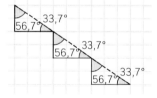

14 *Bücherregal*
Zum genauen Abschrägen des Längsbalkens muss der Winkel $\alpha = 90° - 38° = 52°$ betragen.

15 *Dachbalken*
$\alpha = 180° - \gamma = 180° - 34° = 146°$
$\beta = 360° - (90° + \alpha) = 360° - (90° + 146°) = 360° - 236° = 124°$

16 *Dachneigung*
Nein. Leider kann die Dachneigung anhand eines Fotos nicht genau bestimmt werden, da wichtige Winkelgrößen und Referenzlinien nicht gezeigt werden oder durch Anwinkeln des Fotoapparates verschoben dargestellt werden.

194

17 *Winkeldetektiv*

a)
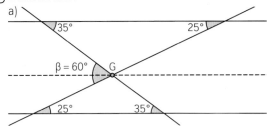

b)
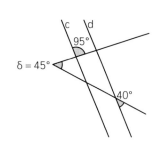

18 *Parallelogramm*
(1) ist kein Parallelogramm, da die angegebenen Winkel ungleich sind.
Bei (2) könnte es sich um ein Parallelogramm handeln, da die Längsseiten parallel sind.
Allerdings müssten zudem die kurzen Seiten parallel sein.

19 *Geraden im Koordinatensystem*
Die beiden Geraden verlaufen nicht parallel zueinander. Zeichnet man eine Parallele zu der
Geraden h durch den Punkt B, stimmt diese Parallele nicht mit der Geraden g überein.

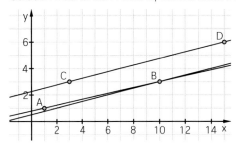

20 *Prüfen auf Parallelität*
a) $\overline{AB}$ und $\overline{CD}$ können nicht parallel sein, da der Nebenwinkel von 146° nicht 32°, sondern
34° groß ist.
b) $\gamma = 120°$

Kopfübungen
1. 80
2. 5 Flächen, 6 Ecken, 9 Kanten
3. 7
4. 100 Minuten
5. 99 999 999
6. 10
7. 4,40 €

195 21 *Schatzsuche mit Geodreieck und Lineal*

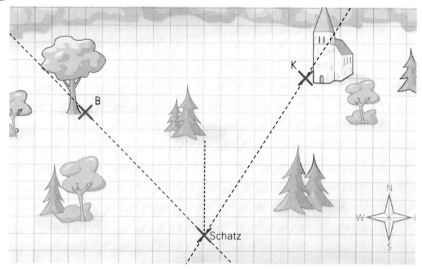

6.2 Winkel in Vielecken

196 1 *Ecken abreißen*
Schüleraktivität.
Die Schülerinnen und Schüler werden voraussichtlich feststellen, dass die abgerissenen
Ecken des Dreiecks aneinandergelegt eine Gerade bilden. Daraus lässt sich ableiten, dass
die Winkelsumme im Dreieck 180° beträgt.

2 *Entdeckungen an Dreieckspflasterungen*
Schüleraktivität.
An einem Punkt bilden jeweils drei benachbarte Winkel einen gestreckten Winkel (180°).
Anhand der farblich gekennzeichneten Stufenwinkel können die Schülerinnen und Schüler
feststellen, dass diese drei benachbarten Winkel jeweils den Winkeln eines einzelnen Drei-
ecks entsprechen. Daraus folgt, dass die Winkelsumme im Dreieck 180° beträgt.

3 *Größte Winkelsumme gesucht*
Schüleraktivität.
Durch Zeichnen und Messen vertiefen die Schülerinnen und Schüler den Umgang mit
Dreiecken und Winkeln. Erfahrungsgemäß werden einige Schülerinnen und Schüler relativ
schnell entdecken, dass die Winkelsumme in jedem Dreieck 180° beträgt.

197 4 *Bewegtes Dreieck*
a) α und β wachsen gleich stark, γ schrumpft.

197 **4** b)

MC	α	β	γ	α + β
1	11,3°	11,3°	157,4°	22,6°
2	21,8°	21,8°	136,4°	43,6°
3	31°	31°	118°	62°
4	38,7°	38,7°	102,6°	77,4°
5	45°	45°	90°	90°
6	50,2°	50,2°	79,6°	100,4°
7	54,5°	54,5°	71°	109°
8	58°	58°	64°	116°
9	61°	61°	58°	122°
10	63,4°	63,4°	53,2°	126,8°

Es fällt auf, dass $\alpha + \beta + \gamma = 180°$ gilt.

5 Winkel in Dreiecken
a) $\alpha = 35°$ b) $\beta = 90°$ c) $\gamma = 43°$ d) $\delta = 118°$ e) $\varepsilon = 47°$

198   **6** Winkelgrößen ohne Messen
Quadrat: $\alpha = \beta = 45°$
Rechteck: $\alpha = 60°$
gleichschenkliges Dreieck: $\beta = 50°$, $\gamma = 80°$
gleichseitiges Dreieck: $\alpha = \beta = \gamma = 60°$

7 Winkelgrößen ohne Zeichnen
a) $\gamma = 90°$ b) $\gamma = 110°$ c) $\gamma = 60°$

8 Messen und Rechnen
a) $\alpha = 69,8°$ $\beta = 54,6°$ $\gamma = 55,6°$
b) $\alpha = 33,4°$ $\beta = 118,2°$ $\gamma = 28,4°$
c) $\alpha = 26,6°$ $\beta = 63,4°$ $\gamma = 90°$

9 Abgerissene Ecken
Dreieck I: gleichseitiges Dreieck (3-mal 60°)
Dreieck II: 19° + 11° + 150°
Dreieck III: 110° + 38° + 32°
Dreieck IV: $\alpha + 45° + 90°$, $\alpha = 45°$

10 Winkeldetektiv
a) $\alpha = 68°$ b) $\alpha = 52°$ c) $\alpha = 80°$ d) $\alpha = 80°$

199   **11** Winkelsummensatz durch Falten
Schüleraktivität.
Beim gefalteten Winkelsummensatz können die Schülerinnen und Schüler entdecken, dass die nach innen gefalteten und aneinander gelegten Winkel eines Dreiecks zusammen einen gestreckten Winkel entlang der unteren Dreiecksseite bilden, ihre Winkelsumme also 180° beträgt. Die gleiche Entdeckung konnte möglicherweise bereits bei der Bearbeitung von Aufgabe 1 angestellt werden.

199 (12) *Dreiecke*

Maja hat ein gleichseitiges Dreieck gezeichnet. Alle Winkel betragen 60°.
Auf Lutz' Beschreibung können viele Dreiecke zutreffen.
Beispiel:

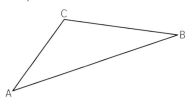

Brittas Behauptung ist nicht korrekt. Ein Dreieck mit zwei stumpfen Winkeln existiert nicht.

(13) *Größter Winkel im Dreieck*

a) Martin ist vom gleichseitigen Dreieck ausgegangen, das drei 60°-Winkel besitzt.
   Er meint, wenn ein Winkel vergrößert wird, dass sich die beiden Seiten des anderen
   Winkels verkleinern müssen. Das muss aber nicht so sein: z. B. wenn der vergrößerte
   Winkel 70° beträgt, einer der beiden anderen 100° und der dritte 10° beträgt.
b) Nein.

(14) *Rechtwinkliges Dreieck*

Da in einem rechtwinkligen Dreieck der rechte Winkel der größte ist, können unter den
genannten Bedingungen nur folgende Winkel auftreten: 90°, 10°, 80°.
Diese können allerdings beliebig angeordnet werden.

(15) *Schnittwinkel von Geraden*

a) Tino misst die beiden Winkel bei A und B ($\alpha = 57{,}7°$; $\beta = 111{,}8°$). Mit dem Winkelsummensatz kann er den noch fehlenden Winkel berechnen:
   $\gamma = 180° - (57{,}7° + 111{,}8°) = 180° - 169{,}5° = 10{,}5°$

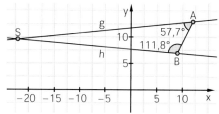

b) Tino kann eine Parallele zu h zeichnen, die beispielsweise durch den Punkt A verläuft.
   Der Winkel lässt sich dann direkt bei A messen.

200 (16) *Winkelsumme im Viereck*

Schüleraktivität.
Jedes Viereck lässt sich in zwei Dreiecke zerlegen, deren Winkelsumme jeweils 180°
beträgt. Somit beträgt die Winkelsumme in einem Viereck 360°.

(17) *Winkelsumme im Fünfeck*

a) In der Darstellung ist ersichtlich, dass die Winkelsumme des Fünfecks der Winkelsumme aller Teildreiecke entspricht. Da die Winkelsumme eines jeden Dreiecks 180°
   beträgt, ist die Winkelsumme des Fünfecks: $3 \cdot 180° = 540°$.
b) Beim Zerlegen des Fünfecks in Teildreiecke kann man erkennen, dass jede Ecke des
   Fünfecks auch Ecke eines Teildreiecks ist. Das Fünfeck kann daher in drei Teildreiecke
   zerlegt werden, sodass die Winkelsumme auch bei dieser Figur 540° beträgt.

200 **18** *Regelmäßiges Fünfeck*
a) Schüleraktivität.

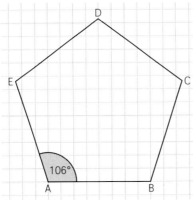

b) Eine Pflasterung, die nur aus regelmäßigen Fünfecken besteht, kann nicht gebildet werden. Stoßen drei regelmäßige Fünfecke an einer Ecke zusammen, so beträgt die Summe der Fünfeckswinkel nur 324°. Damit eine Pflasterung gebildet werden kann, muss die Summe der Winkel an den zusammenstoßenden Ecken den Vollwinkel (360°) darstellen können.

19 *Winkelsumme bei Sechsecken*
a) Bei der Pflasterung stoßen immer drei regelmäßige Sechsecke an einer Ecke zusammen. Daher bilden drei Innenwinkel den Vollwinkel von 360°. Jeder Winkel beträgt beim regelmäßigen Sechseck also 120°. Die Winkelsumme des Sechsecks beträgt also 720°.
b) Die Summe der Innenwinkel eines Sechsecks lässt sich auch durch die Zerlegung in 4 Teildreiecke herleiten. Da jedes Teildreieck eine Winkelsumme von 180° aufweist, beträgt die Winkelsumme des Sechsecks: $4 \cdot 180° = 720°$.
c) Schüleraktivität.
Möglicherweise werden die Schülerinnen und Schüler auf den Wabenbau von Bienen hinweisen. Hier können auch Anwendungen aus dem Handwerk (Innensechskantschlüssel, -schrauben) angeführt werden.

201 **20** *Außenwinkel am Dreieck*
a) Die beiden Winkel γ und γ' bilden zusammen einen gestreckten Winkel.
Daher gilt: $\gamma' = 180° - \gamma$.
Die Begründung für die Winkel α' und β' erfolgt analog.
b) Schüleraktivität.
Die Summe der Außenwinkel beträgt 360°. Dies kann durch Legen oder Rechnen begründet werden:
$\alpha' + \beta' + \gamma' = 180° - \alpha + 180° - \beta + 180° - \gamma = 3 \cdot 180° - (\alpha + \beta + \gamma) = 2 \cdot 180° = 360°$

21 *Altes Geometrieheft*
Die Summe der Außenwinkel am Dreieck beträgt **360°**. Die Summe der Außen- und Innenwinkel beträgt $3 \cdot$ **180°** = **540°**. Wir wissen bereits, dass die Summe der **Innenwinkel** 180° beträgt. Also gilt für die Summe der Außenwinkel **540°** – **180°** = **360°**.

201 22 *Winkeldetektiv*
   a) $\gamma' = 75°$ b) $\alpha + \gamma = 130°$ c) $\alpha' = 70°$

Kopfübungen

1. $\frac{1}{8} < \frac{2}{4} < \frac{2}{3} < \frac{1}{1}$
2. (1) wahr   (2) wahr   (3) wahr
3. 16 Mädchen, 12 Jungen
4. a) 30°   b) 120°   c) 210°
5. 999 999 999
6. 40
7. 7500 m

202 23 *Winkelsumme in Vielecken*

Figur	Skizze	Summe aller Innenwinkel
Viereck		$2 \cdot 180° = 360°$
Fünfeck		$3 \cdot 180° = 540°$
Sechseck		$4 \cdot 180° = 720°$
Siebeneck		$5 \cdot 180° = 900°$
Achteck		$6 \cdot 180° = 1080°$

Projekt

In diesem Projekt können die Schülerinnen und Schüler interessante Entdeckungen an Platonischen Körpern vornehmen. Nachdem im Exkurs in Band 5, S. 140 unter Bezug auf die Innenwinkelsummensätze erläutert wird, warum es nur fünf platonische Körper gibt, sollen diese als Kantenmodelle nachgebaut werden. Bei der Konstruktion der Ecken benötigt man die Fähigkeit, die Größe der Innenwinkel regelmäßiger Vielecke zu bestimmen.

6.3 Ortslinien – Mittelsenkrechte, Winkelhalbierende, Mittelparallele

204 **1** *Grenzsteine*

a)

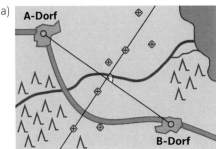

b) senkrecht
c) Ja, es gibt zwei Möglichkeiten: einmal rechts von der Verbindungslinie der zwei Dörfer und einmal links davon.

2 *Schatzsuche für Faltexperten*

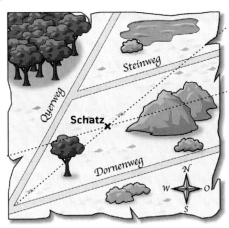

a) Alle Punkte auf der roten Linie (gestrichelte Gerade) sind gleich weit vom Dornenweg und vom Steinweg entfernt (Mittelparallele).
Alle Punkte auf der blauen Linie (gestrichelter Strahl) sind gleich weit von den Schenkeln des Winkels entfernt (Winkelhalbierende).
b) Der Schatz liegt auf der Symmetrieachse des Winkels und des Parallelstreifens. Die Schülerinnen und Schüler sollen hier erstmal ausprobieren. Zur Konstruktion von Mittelparallele und Winkelhalbierender siehe Schülerbuch Seite 40, Beispiele.

205 **3** *Flugzeug*

a) Abstand messen zwischen A' und A. Auf der Hälfte des Abstandes kann die Symmetrieachse senkrecht zur Verbindungslinie von A und A' eingezeichnet werden.
b) Einen Kreis um den Scheitelpunkt S zeichnen. Zwei Kreise mit gleichem Radius um die Schnittpunkte mit den Schenkeln zeichnen. Den Scheitelpunkt S mit dem Schnittpunkt der beiden Kreise verbinden.
c) Den Abstand zwischen den zwei Geraden messen. Eine weitere Gerade g″ zu g oder g' mit dem halben Abstand von g und g' zeichnen.

4 *Kreismuster*
Schüleraktivität.
(1) Auf der Mittelsenkrechten
(2) Auf der Winkelhalbierenden
(3) Auf der Mittelparallelen
Alle Punkte, die zu einer Geraden den gleichen Abstand haben, liegen auf einer Parallelen über und unter der Geraden, jeweils in gleichem Abstand.

207

5 *Ortslinien konstruieren*

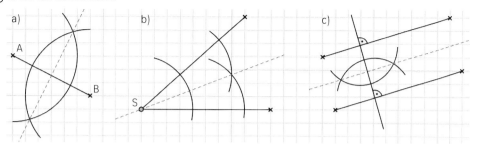

a)   b)   c)

6 *Ortslinien in Vierecken*

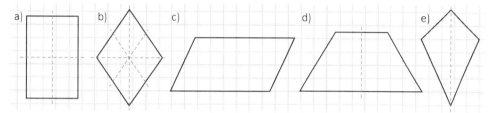

a)   b)   c)   d)   e)

a) Symmetrieachsen sind die Mittelparallelen.
b) Symmetrieachsen sind die Winkelhalbierenden und die Mittelparallelen.
c) besitzt keine Symmetrieachsen, Parallelogramm ist punktsymmetrisch.
d) Symmetrieachse ist die Senkrechte zur Mittelparallelen.
e) Symmetrieachse ist die Winkelhalbierende.

7 *Winkelhalbierende an der Geradenkreuzung*

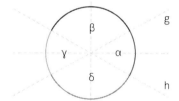

Die Winkelhalbierenden von gegenüberliegenden Winkeln (Scheitelwinkel) sind identisch, die von Nebenwinkeln stehen senkrecht aufeinander.
Begründung: Scheitelwinkel liegen sich gegenüber und sind gleich groß, so dass deren Winkelhalbierenden identisch sind. Nebenwinkel ergänzen sich zu 180°, deren Winkelhalbierenden zu 90°. Also stehen sie senkrecht aufeinander.

8 *Strecken an Parallelen*
Die Punkte A und B werden an der Mittelparallelen gespiegelt, sodass die Punkte A′ und B′ entstehen. Anschließend wird ein Kreis mit Mittelpunkt S durch den Punkt A gezeichnet. Der Kreisbogen verläuft durch alle 4 Punkte, die Strecken von S aus stellen Radien dar. Demnach sind die Strecken $\overline{AS}$ und $\overline{SB}$ gleich groß.

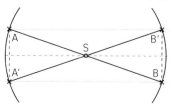

208

9 *Versorgungslager*

Man zeichnet ein Dreieck, bei dem die drei Forschungsstationen die Eckpunkte bilden. Nun zeichnet man die Mittelsenkrechten ein. Der Schnittpunkt der Mittelsenkrechten liegt gleich weit von den Eckpunkten des Dreiecks entfernt.

10 *Kanalleitungen*

A zu h; D, B zu g; E zu g oder h; C zu k oder g

11 *Haltestelle*

Man zeichnet die Strecke von Punkt C und Punkt D ein. Danach bestimmt man den Mittelpunkt. Zuletzt verbindet man die Senkrechte von Punkt C und Punkt D am Mittelpunkt mit der Strecke $\overline{AB}$. Es ergibt sich H(5,5| − 2,5).

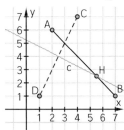

12 *„Kopfgeometrie"*

a) Es entsteht ein gleichschenkliges Dreieck. Das besondere Dreieck ist ein Dreieck, bei dem alle Winkel gleich groß sind.

b) Der Schnittpunkt liegt auf der Mittelsenkrechten zu A und B.
Der Schnittpunkt liegt nicht auf der Mittelparallelen.

209

13 *Grundkonstruktionen*

a) Startobjekt: Strecke von Punkt A und Punkt B. Zielobjekt: Mittelsenkrechte.
Beschreibung: Man zeichne mit dem Zirkel einen Halbkreis um Punkt A und mit demselben Radius einen Halbkreis um den Punkt B. Dann verbindet man die Schnittpunkte. Die entstehende Strecke ist die Mittelsenkrechte.

b) Startobjekt: Gerade g und ein Punkt P. Zielobjekt: Senkrechte durch Punkt P zu g.
Man zeichne einen Kreis um den Punkt P. An den Schnittpunkten von dem Kreis um P mit g zeichnet man mit demselben Radius zwei Halbkreise. Der Schnittpunkt der Halbkreise liefert einen Punkt, der auf der Senkrechten zu P liegt. Nun verbindet man diesen Punkt mit P.

c) Startobjekt: Punkt S als Startpunkt einer Geraden. Zielobjekt: zweiter Schenkel des Winkels von 60°. Beschreibung: Man zeichne einen Kreis um S. Nun wird ein Halbkreis mit demselben Radius um den Schnittpunkt von dem Kreis um S und dem ersten Schenkel gezeichnet. Der Schnittpunkt der beiden Halbkreise wird mit S verbunden.

209 [14] *Konstruktionsbeschreibung*

a)

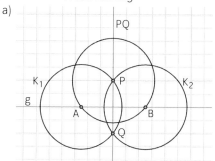

b)

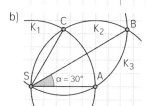

c)

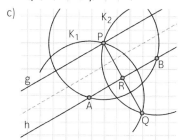

[15] *Konstruktionsbeschreibung und Konstruktionsergebnis*

Beschreibung	Bild	Figur
1. Zeichne eine Strecke $\overline{AB}$ 2. Zeichne Kreis K_1 um A durch B und Kreis K_2 um B durch A 3. Benenne einen Schnittpunkt von K_1 und K_2 als C 4. Zeichne $\overline{AC}$ und $\overline{BC}$		Gleichseitiges Dreieck
1. Zeichne eine Strecke $\overline{AB}$ 2. Zeichne einen Kreis K_1 um A und einen Kreis K_2 um B mit $r > \frac{1}{2}AB$ und $r_1 = r_2$ 3. Benenne einen Schnittpunkt von K_1 und K_2 als C 4. Zeichne $\overline{AC}$ und $\overline{BC}$		Gleichschenkliges Dreieck
1. Zeichne eine Strecke $\overline{AB}$ 2. Zeichne Kreis K_1 um A und Kreis K_2 um B jeweils mit $r = AB$ 3. Benenne einen Schnittpunkt von K_1 und K_2 mit D 4. Zeichne Strecke $\overline{AD}$ 5. Zeichne Kreis K_3 um C mit $r = AB$ 6. Benenne Schnittpunkt von K_2 und K_3 mit C 7. Zeichne die Strecken $\overline{BC}$ und $\overline{CD}$		Raute

210 16 Grundkonstruktionen mit DGS
a) Schüleraktivität.
b) Schüleraktivität.

17 Konstruktionsbeschreibung mit DGS
a)

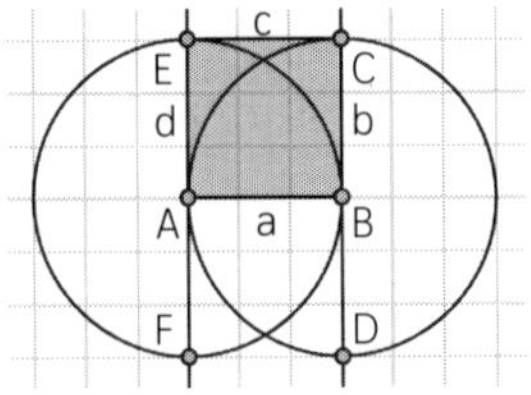

Antwort: Quadrat

b) Raute

Nr.	Name	Symb.	Definition
1	Punkt A	● A	
2	Kreis c	⊙	Kreis mit Mittelpunkt A und Radius 5
3	Punkt B	● A	Punkt auf c
4	Strecke a	✎	Strecke (A, B)
5	Punkt C	● A	Punkt auf c
6	Strecke b	✎	Strecke (A, C)
7	Kreis d	⊙	Kreis mit Mittelpunkt B und Radius 5
8	Kreis e	⊙	Kreis mit Mittelpunkt C und Radius 5
9	Punkt D	✕	Schnittpunkt von e, d
9	Punkt E		Schnittpunkt von e, d
10	Strecke f	✎	Strecke (C, D)
11	Strecke g	✎	Strecke (B, D)

210 17 b) Gleichseitiges Dreieck

Nr.	Name	Symb.	Definition
1	Punkt A	⊙A	
2	Punkt B	⊙A	
3	Strecke a		Strecke (A, B)
4	Kreis c		Kreis durch B mit Mittelpunkt A
5	Kreis d		Kreis durch A mit Mittelpunkt B
6	Punkt C		Schnittpunkt von c, d
6	Punkt D		Schnittpunkt von c, d
7	Strecke b		Strecke (A, C)
8	Strecke e		Strecke (C, B)

Gleichschenkliges Dreieck

Nr.	Name	Symb.	Definition
1	Punkt A	⊙A	
2	Punkt B	⊙A	
3	Strecke a		Strecke (A, B)
4	Kreis c		Kreis mit Mittelpunkt A und Radius 3
5	Kreis d		Kreis mit Mittelpunkt B und Radius 3
6	Punkt C		Schnittpunkt von c, d
6	Punkt D		Schnittpunkt von c, d
7	Strecke b		Strecke (A, C)
8	Strecke e		Strecke (B, C)

210 **18** *Haus des Nikolaus mit DGS*

a)

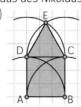

b)

Nr.	Name	Symb.	Definition
1	Punkt A	●A	
2	Punkt B	●A	
3	Strecke a		Strecke (A, B)
4	Kreis c		Kreis durch B mit Mittelpunkt A
5	Kreis d		Kreis durch A mit Mittelpunkt B
6	Gerade b		Gerade durch A senkrecht zu a
7	Gerade e		Gerade durch B senkrecht zu a
8	Punkt C		Schnittpunkt von c, b
8	Punkt D		Schnittpunkt von c, b
9	Punkt E		Schnittpunkt von d, e
9	Punkt F		Schnittpunkt von d, e
10	Strecke f		Strecke (D, F)
11	Kreis c		Kreis durch F mit Mittelpunkt D
12	Kreis h		Kreis durch D mit Mittelpunkt F
13	Punkt G		Schnittpunkt von g, h
13	Punkt H		Schnittpunkt von g, h
14	Strecke i		Strecke (D, G)
15	Strecke j		Strecke (F, G)

210 Kopfübungen

1. 102
2. 1 Drehachse, keine Symmetrieebene
3. 5
4. 2,75 kg
5. 625
6. Arithmetisches Mittel
7. 75 %

211

19 *Forschungsaufgabe an Kreisen mit DGS*

a) Ja, das kann man.
   Es gibt unendlich viele Möglichkeiten.
   Man verbindet die beiden Punkte, zeichnet die Mittelsenkrechte, sucht sich einen beliebigen Punkt auf dieser und zeichnet den Kreis durch die Punkte.

b) Es gibt genau einen solchen Kreis, wenn die drei Punkte nicht auf einer Geraden liegen. Der Mittelpunkt ist der Umkreismittelpunkt des Dreiecks aus den drei Punkten.

c) Ein Viereck besitzt dann einen Umkreis, wenn es ein Sehnenviereck ist.

d) Hier gibt es nur selten Lösungen.

20 *Geometrieproblem*

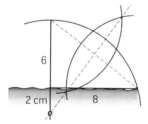

Antwort: ca. 2 cm/2 Fuß

21 *Planen mit Geometrie und DGS*

a) C liegt bei 1,25 km (von links gesehen).

b) C liegt bei 2,5 km (von links gesehen).

6.4 Besondere Linien und Punkte im Dreieck

212

1 *Kreise im Dreieck*

a) (1) Konstruktion der Winkelhalbierenden w_α.
   (2) Unterschiedlich große Kreise innerhalb des Dreiecks, die zwei Seiten berühren.
   (3) Konstruktion der Winkelhalbierenden w_γ und daraufhin des Inkreises um den Mittelpunkt M.
   (4) Konstruktion der Winkelhalbierenden w_β. Diese verläuft ebenfalls durch den Mittelpunkt M.

b) Der Mittelpunkt des Inkreises ergibt sich aus dem Schnittpunkt von zwei Winkelhalbierenden.

c) Schüleraktivität.

2 *Mittelsenkrechten mit DGS*

a) Die Mittelsenkrechten bilden immer einen gemeinsamen Schnittpunkt.
   Dieser befindet sich immer innerhalb des Dreiecks.

b) Alle Punkte auf der Mittelsenkrechten zu $\overline{BC}$ sind gleich weit von B und C entfernt.
   Also ist der Schnittpunkt M der Punkt, von dem A, B und C gleich weit entfernt sind.
   Daher muss die Mittelsenkrechte zu $\overline{AC}$ ebenfalls durch den Mittelpunkt M führen.

c) Alle Punkte auf einer Mittelsenkrechten sind gleich weit von den zwei Eckpunkten der
   Seite entfernt, über der die Mittelsenkrechte konstruiert wurde. Dementsprechend muss
   der Punkt, in dem sich alle drei Mittelsenkrechten schneiden, gleich weit von allen drei
   Eckpunkten des Dreiecks entfernt sein. Er bildet den Mittelpunkt des Umkreises.

213

3 *Dreieck in der Balance*

a) Bei dieser Aufgabe lassen sich die Seitenhalbierenden als besondere Linien des
   Dreiecks experimentell entdecken.

b) Schüleraktivität.

c) Schüleraktivität.

4 *Ideen-Werkstatt*

a) Je nachdem, welche Seite des Dreiecks als Basis genommen wird, ergibt sich eine
   andere Höhe.

b) Schüleraktivität.

c) Schüleraktivität.

215

5 *Besondere Linien*

a)   b)   c)

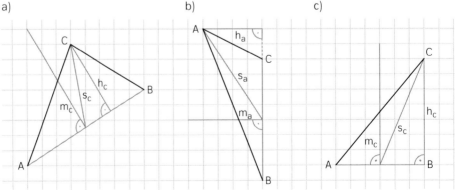

215 **6** Besondere Punkte im Koordinatensystem

a)

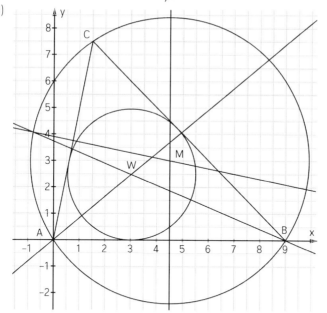

Koordinaten Mittelpunkt des Inkreises: W(3 | − 2,5)
Koordinaten Mittelpunkt des Umkreises: M(4,5 | − 3)
b) Koordinaten Höhenschnittpunkt: H(1,5 | − 1,5)
Koordinaten Schwerpunkt: S(3,5 | − 2,5)

7 Falten statt Konstruieren

m_c: Falte so, dass Punkt A über Punkt B liegt.
h_c: Falte und schiebe Punkt A soweit Richtung Punkt B, bis Punkt C direkt in der Falte liegt.
s_c: Der Punkt, bei dem m_c auf die Seite c trifft, liegt bereits vor. Nun muss so gefaltet werden, dass dieser Schnittpunkt und der Punkt C innerhalb einer Falte liegen.
w_γ: Die Seiten a und b müssen aufeinander liegen.

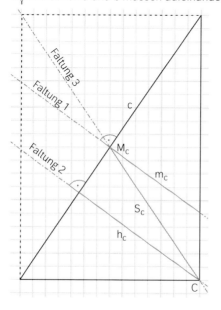

216

8 *Besonderheit im rechtwinkligen Dreieck*

a) Der Höhenschnittpunkt liegt in dem Punkt, an dem der rechte Winkel ist.
Der Schnittpunkt der Mittelsenkrechten liegt in der Mitte der dem rechten Winkel gegenüberliegenden Seite.

b) Ja. Er liegt direkt zwischen x- und y-Achse.
Höhenschnittpunkt: $H(0|0)$
Schnittpunkt der Mittelsenkrechten: $M(4|3)$

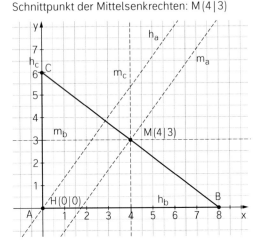

9 *Besondere Dreiecke*

a) Die Dreiecke haben jeweils die gleiche Grundseite und die gleiche Höhe. Daher haben sie auch den gleichen Flächeninhalt.

b)

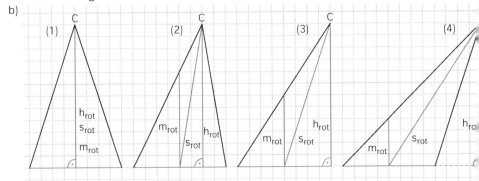

Aufgrund der Symmetrie von Dreieck (1) sind m_{rot}, s_{rot} und h_{rot} deckungsgleich und verlaufen alle durch den Punkt C.
Wird nun der Punkt C nach rechts verschoben, verändert die Mittelsenkrechte ihre Position nicht, während sich s_{rot} und h_{rot} ebenfalls nach rechts neigen bzw. verschieben. Wenn der rechte Winkel (Dreieck (3)) erreicht wird, entspricht h_{rot} der rechten Seitenlänge des Dreiecks (3).
Wird Punkt C noch weiter nach rechts geschoben, entsteht ein stumpfer Winkel und h_{rot} befindet sich außerhalb des Dreiecks (4).

10 *Steckbriefe für Umkreis und Inkreis*

L: (1), (3)   N: (2), (4)
Damit die Mittelpunkte zusammenfallen, müssen die Winkelhalbierenden und die Mittelsenkrechten gleich sein. Dies ist der Fall, wenn das Dreieck gleichseitig ist.

216 **11** *Forschungsaufgabe an Dreiecken*

Nur der Schnittpunkt der Mittelsenkrechten kann außerhalb des Dreiecks liegen.
Die Winkelhalbierenden und Seitenhalbierenden liegen stets innerhalb des Dreiecks.

217 **12** *Rasensprenger*

Der Rasensprenger muss im Umkreismittelpunkt des Dreiecks aufgestellt werden, dessen
Eckpunkte die drei Obstbäume bilden.

13 *Giebelkonstruktion*

Maßstab 1 : 200 (10 m ≙ 5 cm; 7 m ≙ 3,5 cm; 2 m ≙ 1 cm)

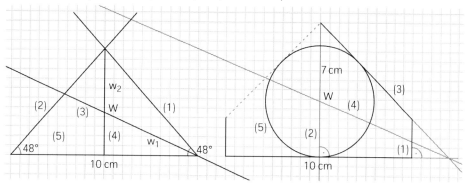

14 *Tisch*

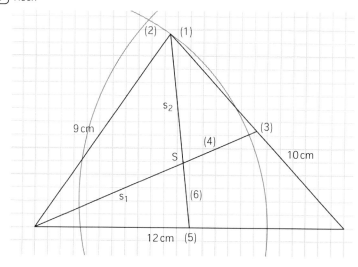

217 **15** *Zerbrochenes Rad*

Man legt das Bruchstück so auf die Pappe, dass genügend Platz für den fehlenden Teil ist. Dann markiert man auf der Pappe die beiden Punkte A und B, an denen die Bruchkante jeweils auf den Außenkreis trifft. Hinzu kommt ein weiterer Punkt C auf dem Außenkreis, der möglichst zwischen den erst genannten liegt. Diesen verbindet man mit A und B und erstellt jeweils eine Mittelsenkrechte. In den dabei entstandenen Schnittpunkten kann man nun einen Zirkel stechen und einen Kreis durch alle drei Punkte ziehen. Nun muss nur noch die Pappe ausgeschnitten werden.

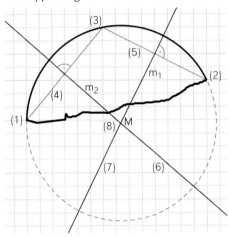

16 *Steinbrücke*

Maßstab 1 : 400 (32 m ≙ 8 cm bzw. 8 m ≙ 2 cm)

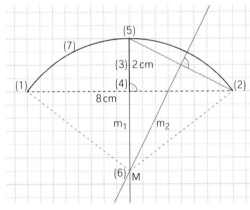

218 (17) *Forschungsaufgabe in Vierecken*

a) Der Umkreis des Dreiecks entspricht dem des Rechtecks. Die Beobachtung trifft auf alle Rechtecke zu, da die Diagonale des Rechtecks zum einen immer der längsten Seite des Dreiecks entspricht und zum anderen der Durchmesser des Kreises ist.
Rechtecke haben keinen Inkreis, da mindestens eine der kürzeren Seiten nicht berührt wird.

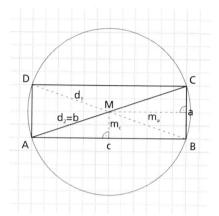

b) Nur das Viereck ABCD besitzt einen Umkreis.

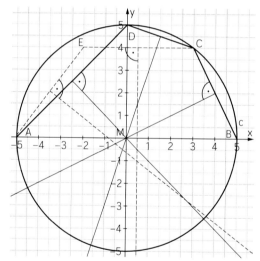

c) Umkreis: achsensymmetrisches Trapez
Inkreis: Raute und Drachen

Kopfübungen

1. $\frac{41}{12}$
2. Kugel
3. a) $\frac{1}{26}$ b) 3
4. a) 180°   b) 90°   c) 135°
5. − 8
6. rot $\frac{1}{3}$; gelb, weiß, grau, orange jeweils $\frac{1}{6}$
7. 3 min

219 **18** *Beweis für den Schnittpunkt der Winkelhalbierenden*
Alle Punkte auf der Mittelsenkrechten $\overline{BC}$ sind gleich weit von B und C entfernt.
Also ist der Schnittpunkt M gleich weit von A, B und C entfernt.
Also muss die Mittelsenkrechte zu $\overline{AC}$ ebenfalls durch den Mittelpunkt verlaufen.
Alle Punkte der Winkelhalbierenden w_α sind – senkrecht dazu gemessen – gleich weit von den beiten Seiten b und c entfernt.
Alle Punkte der Winkelhalbierenden w_β sind – senkrecht dazu gemessen – gleich weit von den beiden Seiten a und c entfernt.
Also muss der Schnittpunkt von den beiden Winkelhalbierenden gleich weit von allen drei Seiten entfernt sein.
Also muss die Winkelhalbierende w_γ ebenfalls durch den Mittelpunkt verlaufen.

19 *Sonderaufgabe für Experten – Beweis für den Höhenschnittpunkt*
Zeichnet man zu den Dreiecksseiten parallele Geraden durch die gegenüberliegenden Eckpunkte des Ursprungsdreiecks, so entsteht ein größeres Dreieck, das aus vier Teildreiecken besteht. Von diesen Teildreiecken lassen sich jeweils zwei zu einem Parallelogramm ergänzen, beispielsweise zum Parallelogramm ABCB′ bzw. zum Parallelogramm ABA′C. Da in einem Parallelogramm gegenüberliegende Seiten gleich lang sind, kann gefolgert werden, dass $\overline{B′A′}$ doppelt so lang ist wie $\overline{AB}$ und dass die Höhe h_c des Ursprungsdreiecks nun zur Mittelsenkrechte der Strecke $\overline{B′A′}$ verlängert werden kann.
Dies gilt analog für die anderen Höhen des Ursprungsdreiecks. Von den Mittelsenkrechten ist bekannt, dass diese sich in einem Punkt schneiden; daher schneiden sich auch die Höhen eines Dreiecks in einem Punkt.

6.5 Geometrische Denkaufgaben

220 **1** *Denkaufgaben*
a) $\alpha = 89°$ b) $\varepsilon = 130°$ c) $\alpha = 40°; \beta = 50°$
d) $\alpha = 120°; \beta = 135°$ e) $\varepsilon = 120°$ f) $\varepsilon = 37°$

222 **2** *Denkaufgaben – Winkelgrößen bestimmen*
a) $\alpha = 125°$ b) $\alpha = 40°$
c) $\delta = 53°; \varepsilon = 52°; \gamma = 24°$ d) $\alpha = 55°; \beta = 125°$

223 **3** *Weitere Denkaufgaben*
a) $\alpha = 20°; \beta = 130°$ b) $\alpha = 55°$
c) $\alpha = 76°; \beta = 52°; \gamma = 24°$ d) $\beta = 110°$
e) Schüleraktivität.

4 *Aussagen begründen*
Die Begründungen ergeben sich alle aus Symmetrieüberlegungen.
a) Ist die Höhe gleichzeitig Winkelhalbierende, so ist sie auch eine Symmetrieachse. Ein Dreieck mit einer Symmetrieachse ist immer gleichschenklig.
b) Winkelhalbierende und Mittelsenkrechte haben immer die Eckpunkte des Dreiecks gemeinsam. Wenn sie auch noch den Schnittpunkt gemeinsam haben, fallen sie zusammen und sind damit Symmetrieachsen. Ein Dreieck mit drei Symmetrieachsen ist immer ein gleichseitiges Dreieck.
c) Eine Mittelsenkrechte, die zugleich Seitenhalbierende ist, ist auch Symmetrieachse. Ein Dreieck mit einer Symmetrieachse ist immer gleichschenklig.

223 ⬚5 *Wahre Aussagen*

a) Wahr. Wenn die Innenwinkel gleich groß sind, dann trifft dies für die Außenwinkel ebenfalls zu.

b) Wahr. Da die Summe der Innenwinkel eines Dreiecks max. 180° beträgt, kann nur ein stumpfer Winkel vorliegen.

c) Wahr. Es handelt sich um den Scheitelwinkel.

d) Wahr. Die Mittelsenkrechten über den Seiten ergeben den Mittelpunkt des Umkreises.

e) Wahr. Der Mittelpunkt des Umkreises ist der Schnittpunkt der Diagonalen.

f) Wahr; die Diagonale $\overline{AC}$ ist zugleich Winkelhalbierende der Winkel α und γ sowie Symmetrieachse. Die Winkelhalbierenden von β und δ schneiden sich wegen der Symmetrie in genau einem Punkt auf $\overline{AC}$, dem Mittelpunkt des Inkreises.

g) Wahr. In diesem Sonderfall ist nämlich der kürzeste Abstand zu allen Seiten bzw. zu allen Punkten gleich groß.

h) Falsch. In einem Parallelogramm gibt es immer zwei Schnittpunkte der Winkelhalbierenden.

i) Falsch. Die Mittelsenkrechten der beiden kürzeren Seiten schneiden sich immer im Mittelpunkt der längeren Seite.

j) Wahr; z. B. Außenwinkel $\gamma' = 180° - \gamma$; wegen Winkelsumme im Dreieck ist $\alpha + \beta = 180° - \gamma$, also $\gamma' = \alpha + \beta$.

k) Wahr. Der Schwerpunkt entspricht dem Schnittpunkt der Seitenhalbierenden. Da dieser immer innerhalb des Dreiecks angeordnet ist, muss sich auch der Schwerpunkt innerhalb des Dreiecks befinden.

l) Falsch.

224 ⬚6 *Böllerschüsse*

Position Xaver: Nicht zu orten.

Position Benedikt: Auf einem der Mittelpunkte zwischen A und B, A und C oder B und C.

Position Pascal: Im Mittelpunkt des Umkreises durch A, B und C.

⬚7 *Pentagramm*

a) Man verlängert jeweils eine Seite, bis sie auf die jeweilige Verlängerung der übernächsten Seite trifft.

b) Das Pentagramm lässt sich in drei Dreiecke aufteilen. Die Summe der Innenwinkel beträgt somit 540°. Bei 5 Innenwinkeln ist $\gamma = 108°$. Der Nebenwinkel zu γ ist 72° groß. Da α in einem gleichschenkligen Dreieck liegt, erhält man den Winkel über $180° - 2 \cdot 72° = 36°$.
β ist ein Scheitelwinkel zu γ und beträgt somit ebenfalls 108°.

c) Man startet mit einer Strecke, die so lang ist wie das Pentagramm insgesamt breit sein soll. Nun nimmt man diese Strecke und dreht sie um 36°. Die neu entstandene Strecke dreht man genauso um den neu entstandenen Eckpunkt. Dies führt man viermal durch, bis das Pentagramm vollständig ist.

d) Schüleraktivität.

Kapitel 7
Wahrscheinlichkeitsrechnung

Didaktische Hinweise

Alle Schülerinnen und Schüler haben bereits Erfahrungen mit dem Zufall gemacht. Dabei wurden diese Erfahrungen wie bei fast allen „Glücksspielern" in der Regel nicht systematisiert oder theoretisch hinterfragt. Stattdessen werden sie überlagert durch Wunschdenken (jetzt bekomme ich die „Sechs" ganz sicher), Aberglauben (heute ist mein Glückstag) und vieles mehr (z. B.: Ich kann gut würfeln).

In diesem Kapitel wird ein erster Versuch unternommen, dem Phänomen „Zufall" mithilfe der Mathematik näher zu kommen. Zunächst werden weitere Erfahrungen mit dem Zufall gesammelt. Dabei geht es weniger um ein „zufälliges Erleben" als um ein systematisches Untersuchen im Sinne eines interessegeleiteten Experimentierens. Wichtig ist dabei, dass die Ergebnisse der entsprechenden Experimente und theoretischen Überlegungen so oft wie möglich Bedeutung erhalten für rationale Entscheidungen in konkreten Situationen.

In Abschnitt **7.1** *Voraussagen mit relativen Häufigkeiten* werden die Schülerinnen und Schüler spielerisch dazu angeregt erste Untersuchungen zu Wahrscheinlichkeiten mithilfe von Zufallsexperimenten anzustellen. Dabei sollen an dieser Stelle lediglich erste Erfahrungen und der Umgang mit dem Begriff „Wahrscheinlichkeit" gesammelt werden. Konkrete Rechnungen im Sinne von Pfadregeln oder mehrstufigen Ereignissen sollten hier noch nicht thematisiert werden.

Im Lernabschnitt **7.2** *Theoretische Wahrscheinlichkeiten* wird in spielerisch eingebetteten Situationen erlebt, wie man den Schätzwert für die Wahrscheinlichkeit des Eintretens eines Zufallsergebnisses gewinnt und wie die ermittelte „empirische" Wahrscheinlichkeit unser Handeln beeinflussen kann.

Stützt man sich bei Entscheidungen auf empirische Wahrscheinlichkeiten, so ergeben sich Vorteile, die sich allerdings oft erst auf lange Sicht einstellen. Die Bestimmung der *„empirischen"* Wahrscheinlichkeit (Schätzwert für die Wahrscheinlichkeit) basiert auf dem *„empirischen Gesetz der großen Zahl"*. Dieses wird in diesem Lernabschnitt nicht ausführlich thematisiert. So wird auch auf die Stabilisierung der relativen Häufigkeit mit größer werdender Versuchszahl nicht besonders abgehoben. Stattdessen erhalten die Schülerinnen und Schüler eine Faustregel dafür, wie man einen guten Schätzwert gewinnen bzw. wie man überprüfen kann, ob ein Schätzwert gut ist oder nicht.

Ebenso wird gezeigt, dass bei einer Reihe von Zufallsexperimenten die Wahrscheinlichkeit, mit der ein bestimmtes Ergebnis eintritt, mithilfe von theoretischen Überlegungen gefunden werden kann. Im Zentrum stehen in diesem Lernabschnitt daher die sogenannten „Laplace-Experimente", d. h. Experimente, bei denen alle Ergebnisse gleichwahrscheinlich sind.

Zusätzlich wird ein erweitertes Vokabular (Ergebnismenge, Ereignis, …) zur Beschreibung von Zufallsexperimenten bereitgestellt.

Bei den in den Aufgaben angesprochenen Situationen werden so häufig wie möglich die theoretisch bestimmten Wahrscheinlichkeiten zur Beantwortung weiterführender Fragen benutzt. Dergestalt gewinnen Wahrscheinlichkeiten Bedeutung, und ein tieferes, beziehungshaltiges Verständnis der Wahrscheinlichkeitsrechnung wird gefördert. Besonders interessant ist die Anwendung der Wahrscheinlichkeitsrechnung bei der Fragestellung „Wie viele Fische sind im Teich?" (2. grüne Ebene). Diese Aufgabe thematisiert sozusagen rückblickend auf Jahrgangsstufe 6 die empirische Wahrscheinlichkeit. Die Strategie, die dabei eröffnet wird, ist in vielen Situationen der Art „Wie zählt man etwas, was man nicht zählen kann?" außerordentlich wirkungsvoll und z. T. die einzig mögliche.

Lösungen

7.1 Voraussagen mit relativen Häufigkeiten

232 **1** *Münzwurf*

a) Beispielergebnis: 2-mal Zahl: 10 mal; 1-mal Zahl: 20 mal; 0-mal Zahl: 10 mal

b) 2-mal Zahl: $\frac{1}{4}$, 1-mal Zahl: $\frac{1}{2}$, 0-mal Zahl: $\frac{1}{4}$

c) Schüleraktivität.

2 *Gut gezielt?*

a) Die relative Häufigkeit für einen Treffer liegt nun bei ca. 4 %.

b) Die Entscheidung, ob man lieber Bank oder Spieler sein möchte, hängt von der Größe des Rasters ab. Je kleiner das Raster wird, desto geringer ist die Wahrscheinlichkeit, einen regulären Treffer zu erzielen.

233 **Projekt**

A Einfluss hat man auf eine geschickte Verteilung der Chips.
Beim Würfeln „regiert" ausschließlich der Zufall.

B Es ist ungünstig, in jede Spalte 3 Chips zu legen, da einige Differenzen häufiger auftreten als andere.

C Die Differenz 5 kommt selten vor. Daher solltest du in diese Spalte wenige Chips legen.

D Die Wahrscheinlichkeit gibt an, wie wahrscheinlich es ist, dass ein bestimmtes Ereignis eintritt. Daher ist es sinnvoll, in die Spalten der Differenzen, die mit geringer Wahrscheinlichkeit auftreten, weniger Chips zu legen als in diejenigen der Differenzen, die mit höherer Wahrscheinlichkeit auftreten.

Beispieltabelle:

Differenz	0	1	2	3	4	5
Häufigkeit	4	8	6	6	4	2

E Am häufigsten tritt die Differenz 1 auf.
Am wenigsten tritt die Differenz 5 auf.

relative Häufigkeiten der Beispieltabelle:

$h(0) = \frac{4}{30}$; $h(1) = \frac{8}{30}$; $h(2) = \frac{6}{30}$; $h(3) = \frac{6}{30}$; $h(4) = \frac{4}{30}$; $h(5) = \frac{2}{30}$

235 **3** *Zwei Würfel*

a) Schüleraktivität

b) Doch, bei einer 6 und einer 1. Allerdings kommt diese Kombination relativ selten vor, sodass die Anzahl der Würfe erhöht werden müsste.

c) Mit einer Wahrscheinlichkeit von 1, d.h. immer, da es aufgrund der auf 6 begrenzten Augenzahl, rechnerisch gar keine größere Differenz als 5 geben kann.

4 *Münzwurf schätzen*
Er wird die Wahrscheinlichkeit auf 50 % geschätzt haben.

5 *Bestellung von Sweatshirts*
Sie schaut am besten nach, welche Mengen pro Größe in der vorangegangenen Saison verkauft wurden.

235 **6** *Mathematik am Telefonbuch*

a) Schüleraktivität. Die Wahrscheinlichkeit liegt bei ca. $\frac{1}{10}$.

b) Schüleraktivität. Z. B. fällt auf, dass die Ziffer 0 in der Regel nicht an erster Stelle steht. Die Ziffer 1 wird fast nur an Notfallnummern oder Behörden vergeben.

236 **7** *Kopf oder Zahl*

a) Die Wahrscheinlichkeit beträgt 50 % – ansonsten würde niemand dieses Losverfahren akzeptieren.

b) Schüleraktivität. Der Schätzwert stimmt.

c) Schüleraktivität. Die relative Häufigkeit für „Wappen" entspricht der relativen Häufigkeit für „Zahl".

8 *Unbekannte Wahrscheinlichkeiten*

a) Schüleraktivität.

b) Schüleraktivität.

Man kann beim Kronkorkenwurf gut über mögliche Auswirkungen der Materialbeschaffenheit und Versuchsbedingungen auf die Wahrscheinlichkeiten „spekulieren". Manche Hypothese wie z. B. „Der Kronkorken bleibt häufiger ‚auf dem Rücken' d. h. mit den ‚Zacken oben' liegen, da die schwerere Seite wie bei einem Federball nach unten gezogen wird," erscheinen auch schlüssig, aber die relative Häufigkeit dafür, dass ein Kronkorken mit den „Zacken oben" liegen bleibt, hängt von vielen Faktoren ab. Die relative Häufigkeit für das Ergebnis „Zacken oben" schwankt deswegen erheblich. Sie liegt üblicherweise zwischen 40 % und 60 %, es gibt aber auch Kronkorken mit bis zu 70 % oder nur wenig mehr als 30 %.

Den größten Einfluss hat wohl die unterschiedliche Verformung des Kronkorkens, die wiederum davon abhängt, wie die Flasche geöffnet wurde. Im Gegensatz zu einem Würfel spielen aber auch Art des Wurfes, Wurfhöhe und Untergrundbeschaffenheit eine nicht zu vernachlässigende Rolle. Aussagen über Wurfwahrscheinlichkeiten sind somit strenggenommen stets nur für einen bestimmten Kronkorken bei genau festgelegten Versuchsbedingungen möglich. Die in Aufgabenteil b) vorgeschlagene arbeitsteilige Untersuchung des Kronkorkenwurfs sollte deswegen nur dann durchgeführt werden, wenn die Kronkorken vom gleichen Hersteller oder zumindest möglichst gleich hergestellt sind (die DIN-Norm 6099 lässt hier immerhin Abweichungen von bis zu 8,5 % in der Blechdicke, 2,5 % in der Höhe und 1,6 % im Radius zu) und zudem beim Öffnen sehr ähnlich geformt wurden. Ansonsten sind individuell unterschiedliche Schätzwerte zu erwarten – was didaktisch betrachtet für den Stundenverlauf aber auch sehr reizvoll sein kann. Für den einzelnen Kronkorken stabilisieren sich die relativen Häufigkeiten allerdings i. d. R. meist.

Auch bei dem Wäscheklammerwurf spielen, wie beim Kronkorken, Herstellungsbedingungen und Wurfart eine Rolle. Bei fast allen Klammerarten ist die relative Häufigkeit für die „Seitenlage" aber deutlich größer als die für die „gerade Lage" auf der Schmalseite der Klammer.

9 *Butterbrote*

Butterbrote fallen meistens mit der belegten Seite auf den Boden, da das Brot innerhalb der Fallhöhe von rd. 90 cm meistens eine halbe Drehung vollzieht, bis es auf dem Boden auftrifft.

237 [10] *Fallende Streichholzschachteln*
    a) Peter wird die beste Schätzung abgegeben haben.
    b) Die Schätzungen der anderen drei gehen von einer gleichen Wahrscheinlichkeit für alle drei Seiten (Inge) bzw. für zwei Seiten (Jutta und Heinz) aus. Dies kann wegen der unterschiedlichen Form und Flächengröße der Seiten nicht sein.
    c) Es macht einen Unterschied: Die beim Fallen sich verschiebenden Streichhölzer beeinflussen die Häufigkeit der „Landeflächen".

[11] *Pasch*
    a) Die Wahrscheinlichkeit für einen Pasch beträgt $\frac{1}{6}$.
    b) Schüleraktivität.
    c) Im Verhältnis zu den Gruppen unterscheiden sich die Ergebnisse der Einzelpersonen deutlicher.
    d) Die Ergebnisse der ganzen Gruppe sind aussagekräftiger, da aufgrund der wesentlich höheren Anzahl an Würfen mögliche „Sonderergebnisse" (Ausreißer) der einzelnen Gruppenmitglieder ausgeglichen werden.
    e) Man berechnet die Wahrscheinlichkeit.

[12] *Autowaschen*
    Selbstverständlich wird Jessica auf das Spiel eingehen, da sie mit einer Wahrscheinlichkeit von $\frac{1}{6}$ das Autowaschen abwenden und den Kinobesuch bezahlt bekommen kann. Verliert sie, muss sie sowieso das Auto waschen ...

238 [13] *Wette*
    Ob Du Dich darauf einlässt, hängt von Deiner sportlichen Fähigkeit im Vergleich zu der Deines Freundes ab. Je besser Du bist, desto höher wirst Du Deine Chancen einschätzen zu gewinnen.

[14] *Polizeikontrolle. Mit was ist zu rechnen?*
    a) $\frac{6}{25}$ bzw. 24 %
    b) Es werden ungefähr 30 Radfahrer mit defektem Licht erwischt.

Kopfübungen
1. $\frac{16}{81}$
2. $P'(5\,|\,2)$
3. Etwas mehr als 6-mal.
4. $V = 8\,cm^3$; $O = 24\,cm^2$
5. 32
6. $38 < x < 148$; Unterschied: 110
7. 6 mm

239 ## Projekt
Mit dem Bauen eines Papierpropellers kann abschließend in diesem Kapitel noch einmal ein Experiment durchgeführt werden, bei dem deutlich wird, dass Vorhersagen nicht nur vom Material, sondern auch von den Durchführungsbedingungen abhängen. Nach einer gewissen „Eingewöhnungsphase" bei der Durchführung des ersten Wettbewerbs werden sich bei den meisten Schülerinnen und Schüler individuelle Trefferquoten herausbilden. Bei dem zweiten Wettbewerb stabilisiert die Vorabrotation die Flugbahn des Propellers. Einigen Schülerinnen und Schülern wird es dadurch gelingen, deutlich höhere Trefferwahrscheinlichkeiten zu erlangen – allerdings wird die Startphase des Propellers auch schwieriger, so dass bei anderen Schülerinnen und Schülern durchaus auch Verschlechterungen zu erwarten sind.

7.2 Theoretische Wahrscheinlichkeiten

240

1 *Glücksrad*

a) Die Wahrscheinlichkeit für jede Zahl sollte gleich groß sein. Es gilt: $360° : 10 = 36°$. Die Fläche jeder Zahl sollte mit einem Winkel von 36° eingezeichnet werden.

b) Im Durchschnitt sind bei 350 Spielen mit $\frac{1}{10} \cdot 350 = 35$ Hauptgewinnen zu rechnen.

Die Wahrscheinlichkeit für den Hauptgewinn beträgt $\frac{1}{10}$.

c) Wahrscheinlichkeit, mit der ein Trostpreis gewonnen wird: $\frac{5 \cdot 1}{10} = \frac{5}{10} = \frac{1}{2}$

2 *Ungewöhnliche Würfel*

a) Für Würfelspiele eignen sich alle Würfel, bei denen die Wahrscheinlichkeiten für jede Zahl identisch sind. Auf dem Bild sind es z. B der gelbe Würfel und der hellrote Würfel (vorne rechts). Auch der weiße Kugelwürfel ist geeignet: Er ist in 6 Segmente geteilt. Ein Gewicht im Inneren der Kugel sorgt dafür, dass stets eins der Segmente eindeutig oben liegt.

b) gelber und weißer Würfel: $\frac{1}{6}$; hellroter Würfel: $\frac{1}{10}$; grüner Würfel: $\frac{1}{20}$; dunkelroter Würfel: $\frac{1}{8}$

3 *Losbude auf dem Sommerfest*

a) $\frac{1}{10} \cdot \frac{1}{10} \cdot \frac{1}{10} = \frac{1}{1000}$

b) Die ersten zwei Zahlen sind hier egal. Daher muss nur die Wahrscheinlichkeit des grünen Glücksrades betrachtet werden. Die Wahrscheinlichkeit für einen Gutschein beträgt: $\frac{1}{10}$

242

4 *Gewinnwahrscheinlichkeit beim Glücksrad*

a) $\frac{3}{10}$ b) $\frac{7}{10}$ c) $\frac{1}{10}$ d) $\frac{1}{10}$

5 *Zufallsexperimente und ihre Wahrscheinlichkeiten*

a) $\frac{1}{4}$

b) Unterschiedliche Wahrscheinlichkeiten wegen der verschiedenen Flächeninhalte

c) $\frac{1}{\text{Anzahl der Kugeln}}$

d) $\frac{1}{13}$

e) Wahrscheinlichkeiten für die Bahnen unterschiedlich (unterschiedliche Position und Steigung)

f) $\frac{1}{38}$ (Abgebildet ist ein amerikanisches Roulette mit 38 Fächern, statt 37 beim französischen.)

6 *Die Wette*

a) Jan sollte dankend ablehnen. Die Wahrscheinlichkeit, dass er ein Eis bekommt, liegt lediglich bei $\frac{1}{6}$ im Gegensatz zu $\frac{5}{6}$, dass er eines ausgeben muss.

b) Klaus würde mit einer Wahrscheinlichkeit von $\frac{1}{6}$ sechs Kugeln gewinnen, während Jan mit einer Wahrscheinlichkeit von insgesamt $\frac{5}{6}$ jeweils nur eine Kugel gewinnen könnte. Das Ergebnis von $\frac{6}{6}$ größer $\frac{5}{6}$ zeigt, das auch diese Wette nicht fair ist. Jan sollte sich Gedanken über die „Freundschaft" machen.

243 **7** *Tombola*
Wahrscheinlichkeit für die Reise in die USA: $\frac{1}{4852}$
Wahrscheinlichkeit für die Reise nach Paris: $\frac{10}{4852}$

8 *Quiz beim Schulfest*
a) Film: $\frac{1}{3}$; Sport: $\frac{1}{3}$; Musik: $\frac{1}{3}$
b) Nein, die Klasse hat nicht geschummelt. Diese Situation kann bei „Ziehen mit Zurücklegen" auftreten. Sie ist mit einer Wahrscheinlichkeit von 0,0017 % nur sehr unwahrscheinlich.

9 *Keine Mathehausaufgaben*
a) $\frac{1}{27}$　　　　b) $\frac{1}{27} \cdot 135 = 5$　　　　c) Ja, dieser Fall kann eintreten.

10 *Achtung – Zahl kommt*
Lösung je nach Anforderungen: Wie viel Gewinn will die Klasse 7c machen?
Erwartete Gewinne pro Spiel
Jessica: $0,7 \in \left(\frac{1}{10} \cdot (-2) + \frac{9}{10} \cdot 1 = 0,7 \right)$
Benjamin: 1,7 €　　　　Daniel: 0,4 €　　　　Johanna: 2,5 €
Somit klingt Johannas Vorschlag zunächst am besten, aber bei den erwarteten Gewinnen
pro eingesetztem Euro ergeben sich andere Werte:
Jessica: 0,7 €, Benjamin: 1,7 € : 3 ≈ 0,57 €, Daniel: 0,4 €, Johanna: 2,5 € : 5 = 0,5 €.

244 **11** *Karten ziehen*
Auf Basis eines Skatblattes mit 32 Karten:
a) $\frac{1}{32}$　　　　b) $\frac{4}{32} = \frac{1}{8}$
c) $\frac{16}{32} = \frac{1}{2}$　　　　Die Wahrscheinlichkeit liegt bei 50 %, dass sie richtig liegt. Daher ist sie
keine Hellseherin, sondern hatte Glück.

12 *Roulette*
a) $\frac{1}{37}$　　　b) {1; 3; 5; 7; 9; 12; 14; 16; 18; 19; 21; 23; 25; 27; 30; 32; 34; 36}　　　c) $\frac{18}{37}$

245 **13** *Wahrscheinlichkeit für „rot"*
a) $\frac{8}{12}$　　　　b) $\frac{7}{11}$

14 *„Mensch ärgere dich nicht"*
Rot muss entweder eine 1, 2, 4 oder 5 würfeln. Wird eine 6 mit nachfolgender 1, 2, 4, 5
oder 6 gewürfelt, wird die gelbe Figur auch rausgeworfen. Die Wahrscheinlichkeit beträgt
also
$\frac{4}{6} + \frac{5}{36} = \frac{29}{36} \approx 80\ \%$

15 *Farbige Kugeln in einer Urne*
a) 2 rote Kugeln, 7 gelbe Kugeln, eine grüne Kugel und 5 blaue Kugeln
b) 12 rote Kugeln, 10 gelbe Kugeln, 3 grüne Kugeln und 5 blaue Kugeln

246 **16** *Glücksrad mit verschieden großen Sektoren*
a) 20 % + 25 % = 45 %
b) 10 % + 30 % + 15 % = 55 %
c) 1, 4, 9 sind Quadratzahlen, somit: 50 %
d) 1, 2, 4 sind kleiner als 5, somit: 55 %

246 **17** *Glücksspirale*

$$10\,€: \frac{1}{10}; \quad 20\,€: \frac{1}{10}\cdot\frac{1}{10}=\frac{1}{100}; \quad 50\,€: \frac{1}{10}\cdot\frac{1}{10}\cdot\frac{1}{10}=\frac{1}{1000}$$

$$500\,€: \frac{1}{10}\cdot\frac{1}{10}\cdot\frac{1}{10}\cdot\frac{1}{10}=\frac{1}{10000}; \quad 5000\,€: \frac{1}{10}\cdot\frac{1}{10}\cdot\frac{1}{10}\cdot\frac{1}{10}\cdot\frac{1}{10}=\frac{1}{100000}$$

Kopfübungen

1. (2) und (3)
2. a) Falsch, der Durchmesser ist doppelt so lang wie der Radius
   b) Wahr. $360° - 3(90° + x) = 90° - 3x$, z. B. $x = 10$, dann hat der spitze Winkel 60°.
3. $x + 0 = x + 3$ nicht lösbar.
4. A = 3000   B = 2500   Das Volumen von A ist größer.
5. -2
6. a) wird größer
   b) Der Median bleibt unverändert, wenn es nur einen Mitarbeiter mit dem höchsten Gehalt gibt. Haben mehrere Mitarbeiter das höchste Gehalt und entspricht dieses gleichzeitig dem Median, so wird dieser größer.
7. Alle 3 Tage. Die Menge an Blumen hat keine Auswirkung auf den Abstand von Tagen, um die Pflanzen zu gießen.

247 **18** *Wie groß ist die Wahrscheinlichkeit einen Pasch zu würfeln?*

a) Alle Vorschläge sind falsch.
Lisa: Es müssen auch alle umgedrehten Möglichkeiten berücksichtigt werden (z. B. 1–2 und 2–1). Damit ergeben sich 36 Möglichkeiten.
Peter: Die Wahrscheinlichkeit einen Pasch zu würfeln ist geringer als keinen zu würfeln.
Nicole: Falsche Annahme der Ergebnismenge. Z. B. Keine Sechs entspricht 1, 2, 3, 4, 5 würfeln.

b) Schüleraktivität.

c) Da die erste Zahl beliebig sein darf und nur die zweite der ersten Zahl entsprechen muss, ist die Wahrscheinlichkeit für einen Pasch: $\frac{6}{6}\cdot\frac{1}{6}=\frac{1}{6}$

d) Sie haben alle eine Ergebnismenge gewählt, aber aus verschiedenen Gründen. Lisa hat die Symmetrie der Ergebnisse missverstanden. Nicole hat alle Zahlen außer 6 in „keine Sechs" gesteckt. Peter hat nur zwei Ergebnismengen mit verschiedenen Wahrscheinlichkeiten.

In der Auflage A¹ sind die Aufgabennummerierungen ab Aufgabe 19 für diesen Lernabschnitt um 1 erhöht.

248 **19** *Was ist ein faires Spiel?*

a) Einsatz: $2 \cdot 1000 = 2000$

Anzahl der Gewinne: $1000 \cdot \frac{1}{10} = 100$

Gewonnenes Geld: $100 \cdot 10 = 1000$

Vergleich von Einsatz und Gewinn: $2000 - 1000 = 1000$; Verlust von 1000 € → mehr Geld verloren als gewonnen

b) „blau": $\frac{7}{10}\cdot(-2)+\frac{3}{10}\cdot 4 = -0,2$; „gerade": $\frac{5}{10}\cdot(-2)+\frac{5}{10}\cdot 1 = -0,5$

Auf keine der Wetten, aber am ehesten auf „Farbe".

c) Schüleraktivität.
Ein Spiel gilt als fair, wenn durchschnittlich weder Gewinn noch Verlust gemacht wird. Der Gewinn von „gerade – ungerade" müsste 4 € betragen.

248   20   *Die Capture-Recapture Methode*
a) Schüleraktivität.
Alle Fische sind dann tot. Der Zweck ist dann verfehlt.
b) Die Capture-Recapture Methode:
Gesucht ist die Populationsgröße N. M entspricht der Anzahl der vorher markierten
Individuen, n entspricht der Anzahl von Individuen in der Stichprobe und m der Anzahl
von markierten Individuen in der Stichprobe. $\rightarrow N = \frac{nM}{m}$

Somit ist der genau errechnete Wert: $\frac{320 \cdot 80}{20} = 1280$. Das entspricht den geschätzten
1300 Fischen.

21   *Grizzlies – Wie zählt man etwas was man nicht zählen kann?*
Die Capture-Recapture Methode ist nur anwendbar, wenn zwischen der Markierung und
der zweiten Stichprobe keine neuen Individuen hinzukommen. In diesem Beispiel eigentlich
nicht gesichert.
Auf jedem Foto ist eine gewisse Anzahl von Bären zu sehen. Ein Bär zerstört die Kamera,
dieser ist markiert. Durch Hochrechnen könnte man die ungefähre Bärenanzahl ermitteln.